祝勇著述集
5

洞见故宫之美 一

祝勇答问录续编

郑欣淼 摄影

祝勇 著

辽海出版社

图书在版编目（CIP）数据

洞见故宫之美：祝勇答问录续编/祝勇著；郑欣淼摄影. —沈阳：辽海出版社，2024.1
ISBN 978-7-5451-6760-3

Ⅰ.①洞… Ⅱ.①祝… Ⅲ.①祝勇-访问记 Ⅳ.①K825.6

中国国家版本馆CIP数据核字（2023）第188114号

出 品 人：柳青松

出 版 者：北方联合出版传媒（集团）股份有限公司
　　　　　辽 海 出 版 社
　　　　　（地址：沈阳市和平区十一纬路25号 邮编：110003）
印 刷 者：辽宁一诺广告印务有限公司
发 行 者：北方联合出版传媒（集团）股份有限公司
　　　　　辽 海 出 版 社
幅面尺寸：140mm×210mm
印　　张：12.5
字　　数：250千字
出版时间：2024年1月第1版
印刷时间：2024年1月第1次印刷
责任编辑：甄　贞　高福庆
装帧设计：杜　江
印制统筹：曾金凤
责任校对：李子夏

书　　号：ISBN 978-7-5451-6760-3
定　　价：88.00元

购书电话：024-23285299
网　　址：http://www.lhph.com.cn
版权所有，翻印必究
法律顾问：辽宁普凯律师事务所　王　伟
如有质量问题，请与印刷厂联系调换
印刷厂电话：024-24859415
盗版举报电话：024-23284481
盗版举报信箱：liaohaichubanshe@163.com

总　序

——

　　我很早就对汉字表现出由衷的迷恋。我相信汉字是古代中国人最伟大的创造，对中华文明有奠定之功。我们不能简单地把汉字当作一种语言交流工具，任何一种文字都可以是语言交流工具，但汉字不同，它决定了中国人的审美方式和思维方式，甚至决定了我们文明的走向。假如没有汉字，还有王羲之、颜真卿吗？假如没有汉字，还有李白、杜甫吗？试想，如果王羲之、颜真卿用英语写书法，李白、杜甫用拉丁文写诗，会是一个什么样的结局？月落乌啼、江枫渔火，每一个汉字，都是一个浓缩的世界，有立体的层次，有无穷的魅力。是汉字，唤起了中国人在文化上的创造性，让华夏文明获得了源源不断的动力。我从小喜欢读书，是因为那些书是用汉字印刷的，哪怕是外国文学，也是翻译成汉字的。所以我是从汉字笔画转折里去了解世界，去体味人生的。假若没有了汉字，我们的生命可能都无所依托。假若我们的祖先发明的是另一种文字，汉碑晋书、唐诗宋词就都不存在了，我们的文明史都要重写。汉字是长在我们身体里的文字，是我们生命中的文字。假若我们的文字不是汉字，我简直不能肯定我是否还会热爱文学。

我不知从什么时候开始沉醉在汉字的世界里，至少在读中学时，就开始在自习时读托尔斯泰、雨果、茨威格，把物理、化学这些教科书衬在外面作挡箭牌。到北京上大学，正逢20世纪80年代，莫言、余华、马原、王安忆方兴未艾，我更为他们的文字所吸引。我读莫言《红高粱》，读余华《一九八六年》，读王安忆《小鲍庄》，读张承志《黑骏马》，读乔良《灵旗》，读马原《虚构》，读洪峰《瀚海》，他们的文字给我带来的冲击力，至今记忆犹新。我崇拜写作者，惊奇于他们能够在方寸之间创造一个浩瀚无穷的世界，他们是真正的魔法师。我从不崇拜所谓的明星，在我心里，唯有伟大的作家和诗人才配得上"明星"这两个字，就像李白，因母亲在生他时梦见太白星（长庚星）才有了"太白"这个字（李白，字太白），这才是货真价实的"明星"。那些靠流量吃饭、胸无点墨的表演者怎么能称"明星"？榜样的力量是无穷的，我一心想成为他们那样的作家，哪怕成为他们的十分之一也好。我从那时就开始写作，当然还不能叫写作，最多只能叫写，从不自量力的年轻时代，一直写到今天。

自1993年出版第一本习作，转眼30多年过去，我拉拉杂杂写下几十本书，有小说，有散文，有非虚构，也有学术理论文章，已不下数百万字。2013年，东方出版社出版了"祝勇作品系列"，收选了我此前出版的12种单行本。2023年，人民文学出版社出版的"祝勇故宫系列"也刚好出版了12卷，其中有"艺术史三部曲"（《故宫的古物之美》《故宫的古画之美》《故宫的书法风流》），也有"非虚构三部曲"（《故宫六百年》《最后的皇朝》《故宫文物南迁》），虽然还没有收入我的第三个"三部曲"，即长篇小说《国宝》三部曲，也不包括我正在写作的多卷本《故宫艺术史》，但依旧有人说，我写得太多了。不知从何时起，我几乎没有一天不在写作。在我看来，没有量，哪来的质呢？一个人吃七张饼，吃到第七张饱了，难道要他直接吃第七张吗？其实我写得不能算多，只是因为每日坚持，从不放弃，集腋成裘，慢慢就显出了规模。写作不是一时的选择，而是一生的事业。俄罗斯出版《托尔斯泰全集》多达90卷，这是一个终生写作者必然累积的成果。我不敢与托尔斯泰攀比，但我知道写作有赖于日复一日的努力，偷不得懒。有人认为我写得多，还有一个原因，就是许多比我更有才华的人中途转行，很少有人能在写作的世界里从一而终。聪明人都放弃了写作，纷纷投向回报率更高的事业，写作这片疆域，就留给了像我这样的愚人，怀揣写作梦想，始终执迷不悟。创作是一条艰苦的路，需要上下求索，许多人等不得，他们要马上可以看见的功和利。但写作这件事，恰恰与急功近利没有关系，不仅"急"不得，也没有什么"功"和"利"。因此商品大潮一起，80年代的文学热潮就不见了，当初的写作者作鸟兽散，队伍于是越打越少，轰轰烈烈的创作队伍，变成了寥寥落落的三五个人、七八条枪。

当代文学史上我最敬佩的作家是柳青先生，他当年为写《创业史》而自降级别，放弃了当年在北京的优越生活，到陕西省长安县挂职副书记，其实是在皇甫村扎根，脱掉了四个兜的干部服，换上农民穿的对襟袄，把自己变成农民的一员。他的《创业史》，自1952年动笔，直到1978年他去世仍未写完，真正成了一场文学马拉松。正是这种在今天看来具有某种自我牺牲精神的写作，才使得已经完成的两部《创业史》（原计划写四部）成为当代文学的经典。在红尘世界里，柳青先生可能被看成一个十足的大傻瓜；但在文学的视野下，假如以权和利来衡量柳青的价值，那简直就是天大的笑话。

在这个世界里，孤傲的李白、潦倒的杜甫、郁郁不得志的苏东坡才是真正的王。我喜欢刘刚、李冬君在《文化的江山》一书的序言中所说的，"试问有唐一代，有多少帝王？翻一下二十五史里的《唐书》就知道了。他们从字里行间列队而出，向我们走来，除了李世民、武则天，我们还认识谁？还有一位李隆基。对不起，我们知道他是因为杨贵妃，一首《长恨歌》便盖过了他的本纪。他是王朝的太阳，光芒万丈，可在《长恨歌》里，美是太阳，集中在杨贵妃身上，留一点落日余晖，让他来分享。还有滕王阁的滕王，谁知道他的名字？而一篇《滕王阁序》，都知道是王勃作的，久而久之，滕王消失了，一提起滕王阁，人们就说王勃"。这是因为在世俗的、权力的世界之外还有一个世界，一个更广大、更深远、更永恒的世界，那就是文学的世界、美的世界。我不敢望这些大师之项背，也从来没有野心去成为他们，但我可以从他们的文字生涯中汲取信心和力量。在这个以金钱来衡量成败的年代里，文学需要一点儿牺牲精神，需要心无旁骛，需要呕心沥血，需要数十年如一日坚持不懈的努力与付出。

择一事，终一生，这在今天成为一句流行语，但说起来简单，真正做到，又是何其艰难！我之所以一路写下来，心无旁骛，不能只用"坚持"二字概括，归根结底，还是热爱，就是我前面所说的，对汉字所缔造的那个博大、深厚、瑰丽的世界充满迷恋。写作不是苦刑，而是一种精神享受，乐中有苦、苦中有乐，让人心甘情愿地为之付出。我无法摆脱它，更不愿摆脱它。在文字的世界里，我充分感受到了自己的富足，什么样的现实利益，都无法取代文字世界里的自我实现感。好的文字，可以让人获得力量。更重要的是，写作赋予我们独立的人格，不依靠奴颜媚骨，不需要摧眉折腰。一个优秀的作家，就是一个在文字世界里纵横捭阖的王。尽管世俗世界有它的运行法则，连文坛也是一个坛，也有挥之不去的关系网、利益链，但真正的写作者，只能依附于文学本身。

倏忽间，人生已过大半，当年那个意气风发的少年，已然是"尘满面，鬓如霜"了。我没写下什么了不起的作品，只是把自己的生命都奉献给了写作。蓦然回首，我不知道算是成功还是失败。或许人生根本就没有什么成功与失败，只有选择的不同而已。人的一生不可能面面俱到，一种成功可能就意味着另一种失败，反过来，一种失败也暗藏着另一种成功。我选择了在写作中度过此生，无论是成功还是失败，我都无怨无悔。

《祝勇著述集》的出版动议来自我的好友、辽海出版社社长柳青松先生，这套著述集涵盖的范围比"祝勇故宫系列"更加广泛，因为我的笔下不只有故宫，还试图容纳一个更加深远广袤的世界，不只有天下运势、王朝兴废这些宏大主题，更涵纳了小桥流水、紫陌红尘里的日常生活，以及蕴含在日常生活中的文化乡愁。因此这套书中有记录我多年行止、领略山河、感悟人间的散文（《月枕山河》），有我向前辈大家访谈求教的对话（《大家的大家》），有我关于写作的粗浅感言（《历史的复活术》），有我回答媒体采访一抒胸臆的表白（《文学的故宫》《洞见故宫之美》），甚至有我与名家师友的通信精选（《恰如灯下故人》），还有一些著述正在整理中，不日也将收入这套著述集中。总而言之，这是一套跨文体的著述集，有著，有述，还有一些体现我创作历程的原始资料，生动地还原了我在文字的世界里寻寻觅觅、上下求索、一路走来的艰辛，也透露出"暮从碧山下，山月随人归。却顾所来径，苍苍横翠微"的快意与自足。

最后我要感谢文化部原副部长兼故宫博物院原院长郑欣淼先生为我这些不值一提的小书提供摄影作品，感谢辽宁出版集团董事长张东平先生给予的莫大支持，感谢柳青松先生对出版流程的垂注与把控,感谢责任编辑甄贞女士、设计师杜江先生等的细致工作,感谢所有为我的写作事业默默付出的师长、朋友和亲人们。

2021 年 11 月 25 日写于北京

2023 年 10 月 10 日改于北京

目录

传统之美

壹

Traditional
Beauty

站在故宫里，我一眼就看见了自己生命的短促。有生之年，能够抓住它的吉光片羽，我就深感满足了，不能说无负于它，至少能无负于自己。

站在不同位置上观察世界

——答《新作文》记者问

《新作文》：祝老师，您好。很高兴能与您进行一次对话。您一定经历过很多次这样冒昧的"采访"了，这样机械的强制性对话可能会给您造成一种反感。但我心存侥幸，希望这是能够使您轻松和愉悦的一次。

在我的工作中，每天都会看到许多学生寄来的形形色色的稿件，我喜欢猜想他们的表情。从那些文字背后延伸下去，或许就抵达了他们的内心。那些刚刚过去的以及过去很久的经历，那些正值韶华、青春年少的经历。每个人的命运都与他的成长经历有着千丝万缕的联系。很想知道您的成长经历是怎样的。您对年少时期的记忆是清晰而完整的吗？有什么特别的人或事对您有特别的影响？

祝勇：我生活中一件乐事，就是与老人在一起。春节前从美国回来，访了张仃、黄永玉、黄永厚、杨宪益几位先生，都是好朋友。同他们在一起，可以从他们身上学很多经验。

他们都是大师级的人物。小的 80 多岁，大的 90 多了，我的年龄乘二乘三。简直成了精，见过的东西太多了，随便什么事，都能说出一二三。他们的成长经历，太富于传奇性，听他们的故事，如听一部天书。与他们比起来，我们这一代简直乏善可陈。上小学、上中学、上大学、工作，就这些。我在一篇文章中把这叫"规定性成长"，就是你逃不出来的一种成长模式。所以，我从事写作以来的主要志向，就是"逃出来"。

《新作文》：您的作品表现出对于历史的强大兴趣。这种兴趣是在学生时期培养起来的吗？

祝勇：我对历史的爱好跟成绩没有关系。我对历史的兴趣不是历史老师培养起来的，在这方面，应该感谢我的父亲，尽管在我几乎整个少年时期，他都在外地工作，但他为我留了一屋子的史书。那是他自己的书，他没想到我看。那时候正闹"四人帮"（我曾向 5 个学生考过一道题，请他们解释"四人帮"这个词，可惜他们没人答出来），没书看，能禁的都禁了，有点价值的书，只有两样没禁：一是鲁迅的书，二是史籍，只好看这些书，像《史记》《隋书》，李贽的《焚书》什么的，都是中华书局繁体竖排的，看不懂，但培养了兴趣。那时候种下了病根，现在一看到中华书局的书，就想买下来。历史是不需要强制性记忆的，一切怀有好奇心的人，对历史都会有兴趣。

《新作文》："远走高飞"几乎是每一个年轻人的梦想，毫无边际，完全是一种对未知人生的不具体的勾勒。因为无从了解，所以向往。看过您的博客，您一直处在"出走"的状态。很多人都羡慕这样的生活，这本身就像是一种神话。您为什么选择这样的一种生命方式呢？

祝勇：昆德拉早就得出了结论：生活在别处。就是我所说的"逃出来"。中国现代的文学大师，像鲁迅、沈从文、萧红、巴金，没有一个不是"出逃者"。环境的同化力量太强，这种同化力量，对于有创造性抱负的人来说，都是有害的。我们太容易被一种生活、一种观念所催眠。很多观念我们认为是我们自己的，实际上并非如此，而是这个世界给我们预备好的，以某种不可知的方式，进入我们的身体，让我们误以为是从自己的身体里生成的。我们认为一种生活最好，是因为我们没有呼吸过另外一种空气。人永远都处于坐井观天的状态，因为与世界相比，我们的自身太渺小了。我们每个人都是那个"不可语冰"的夏虫。只有"出走"，才能够使自己的身体处于一种警觉的状态。那时候，我们会发现世界的丰富性，而这种丰富性，可以使我们站在不同位置上观察世界，我们的视角也就是多元的，而不是一成不变的。所以，"逃出来"，实际上是对自我的拯救。当然，这种出逃不需要强调形式感。即使身体无法出逃，至少眼睛要出逃，这样我们才能在观察的基础上作出判断。

我的"出走"是多方面的，一方面是身体的"出走"，另一方面是精神的"出走"。我写了许多关于历史、地理的书，比如我的《祝勇文化笔记》，以前出过 5 种，去年又在辽宁教育出版社出过 4 种，像《西藏：远方的上方》《美人谷：尘世里的桃花源》等，这方面的轨迹，基本是可视的。还有一方面，就是写作上的冒险。我不愿意寄居在一种文字形式里，总是企图尝试新的形式，让下一部作品与上一部不一样。文学与地理一样，空白地带多得很，为什么大家都挤在一处？我总是希望挑战自己的极限。我的朋友邱华栋说过一句话我很喜欢："我希望能超越自己，因为超越自己就等于超越了别人。"

《新作文》：您在美国完成的一部学术著作《反阅读——革命时期的身体史》，即将由台湾联合文学出版社出版了。对于写散文的您而言，这是否也是一种自我超越？

祝勇：我去的地方是美国加利福尼亚大学的伯克利分校。许多人常说加州大学，实际上并没有一个"加州大学"。所谓的"加州大学"，是一个系统，由许多分校组成，有点像连锁店。其中两家连锁店最有名，一家是洛杉矶分校，一家是伯克利分校，即 UC Berkeley，这两家分校在全球大学排名中，经常处于第五位和第六位的位置上。

　　我在那里的主要工作，是在中国研究中心进行研究和写作。感谢他们抬举我，给了我一个驻校艺术家的头衔，在该校历史上，也算是先行者。说起来我很对得起他们，不仅给老师学生讲一点儿课，而且完成了一部很厚的学术著作，叫《反阅读》。我的腿很忙碌，但我的大脑也没闲过。我前面说过，我喜欢冒险，这次写作就是一次十足的冒险，因为我从来没有写过学术专著。当然，这不是一部学术八股，我是在以自己的方式说话。在开始写作的时候，乃至整个进行过程中，我都不知道它是否能写成。实际上，我几乎每一次写作都是这样。一切尽在掌握之中的事情，我已经没有兴趣。如果这本书有朝一日得以出版，我希望同学们给予关注。

每天半夜，中国研究中心的办公楼最后一个关灯的，就是我的办公室。那边的学术资料太丰富了，令我痴迷。所以那段时期，我很少出去玩儿。最令我激动的，莫过于我正在写的那本书稿。在这里，我想谈谈对美国大学的印象。第一，是老师像老师，学生像学生。我接触了许多知名教授，都是一副皓首穷经的样子，十分敬业。第二，我最想说的，是图书馆。我第一次去中国研究中心的图书馆，馆长就专门抽出时间教我使用图书馆的电脑系统，馆员们也向我请教我的研究内容，以便她们更好地配合我，而且，她们把图书馆里与我研究方向有关的资料收藏情况，主动向我做了介绍。后来我发现，他们会趁我不在的时候，帮我找出许多资料，放在我每次坐的固定座位上。如果我不需要，他们又会拿走。所有这一切，都是他们主动做的，没有任何强迫，简直像劳动模范，但她们将此视为正常工作。这为我提供了极大方便，我有机会看到了许多在国内看不到的珍贵史料，有些还是原件。大学里有许多图书馆，比如有一个总馆，下面每个学院，像法学院、商学院等，都有自己的图书馆，但每个馆的服务都如此。这是在美国从事学术研究容易出成果的原因之一。美国人去图书馆是生活的一项内容，美国全国图书馆遍布，每个小镇、城区都有自己的图书馆，所有的图书馆都可以联网调书，许多家庭都在周末带孩子去图书馆，成人书、孩子书，各自把守一块。

《新作文》：在您到达过的所有地方中，您最喜欢哪里？

祝勇：全球化像一个怪物，突然闯入中国，把这一古国文化生长的连续性切断了。在这样一个时代里，文化继承已经成了天方夜谭。中国文明五千年，只有 20 世纪以来出现这种断裂。所以，这 100 年，可以说是过去五千年的克星。但是，五千年修炼出来的中华文明，功夫就这样被废了，我不相信。我们自己有家财万贯，却对家底一无所知，到处借钱，这是我对目前中国文化状况的描述。胡适提到过"整理国故"，就是在忙于世界化之前，先对自己的文化有充分的了解与认识。他提这个口号，是在 1929 年，现在 80 年过去了，还是没有人整理。

有点跑题。现在扯回来。我这几年跑的地方，老少边穷比较多，是企图在远离现代文明的场域里，发现我们传统中有价值的东西。实际上,我们是发现了另外一个"中国",与我们认识中的中国完全不同的"中国"。我的朋友李敬泽先生说,"那是乡土中国。村落隐于山野,保存着中国人物质生活和精神生活中千姿百态的差异,使时间深远、使空间变幻、使大地上的漫游者永不厌倦。"

我们对自己文化背景的妖魔化,自100年前就开始了,那个充满意韵的传统中国,被描述为阴暗、落后、愚昧、僵硬的代言人,人们更乐于用一副好高骛远的西洋望远镜来观察世界,而对寄寓于自身世界里的智慧、善良、创造性,已经丧失了观察与感受的能力。我的出走,从某种意义上来说,是一种求证过程,即对自己民族文化价值的一种求证。美国是一个多元文化社会,白人、黑人、华人、印度人、拉美人、阿拉伯人……都在各自的文化背景上进行对话。如果失去了自己的文化背景,连对话的机会都要失去了。

在我去的地方中,许多都是我喜欢的,比如浙江楠溪江、湖南凤凰、四川阿坝,还有西藏,等等,如果说"最喜欢",我想可能是美人谷,至少是现在的、商业化之前的美人谷。美人谷在四川甘孜丹巴县,它的情况,我还是照抄一段我书里的文字:

"关于美人谷的所有想象都将是失败的,美人谷证明了我们想象力的限度。因为美人谷不是得自想象，而是产生于时间与空间某种神异的结合。巨大的雪山占据着蓝天最显要的篇幅，雪线下是红白相间的藏式民居，散落于大山三分之二的高度上，绵延的山势如同风中飘动的裙摆一般此起彼伏，被鲜嫩的黄栌和火爆的枫树所装饰，而山脚下翻腾的河水，刚好是它们卷曲的花边。神灵已经在雪山上生活了几十个世纪。在一片花海中，古老的碉楼崛强地耸立，暗示着时间的悠远。我在丹巴寻访到五六千年以前的墓葬群，以及新石器时代遗址，我对这里的文明徒生敬意。至于碉楼，更是我的视线无法躲避的奇迹。本书将以诸多篇幅讲述我所看到的碉楼。甘孜藏民为什么要修造碉楼？有人说它们是战争的工事，也有人说它们与甘孜藏民的成年礼有关。不管怎样，它们都是生命的保佑者，在反复宣讲着有关生与死的主题。"

"作为大自然的果实，这里的女孩子有着与自然相匹配的朴实与美丽。她们健康美丽的体魄，与民族之间的血缘融合密切相关。这里地处汉藏两大文化圈的衔接带上，自古就是民族争战和迁徙的通道。原始部族古老王国的宁静在唐代被打破，吐蕃铁骑在翻越万千雪山之后，带着经卷和刀剑，一直冲杀到大渡河东岸。唐宋以后，这一地区又卷入与中原王朝长达几百年的激烈争战中，并接连陷入300年的部落纷争中。马帮满载着绚丽的货物，穿梭于动荡的康巴地区，在马帮身后，一条漫长的'茶马古道'悄然形成。所有这些历史信息，在经过大自然的转述之后，已经变得异常平静，潜伏于太阳、月亮、雪山、河流、白云、土地、家园、青草、庄稼、杯盏、劳动、睡眠，以及微笑中，只有仔细观察和谛听，我们才能得到来自时间深处的讯息。"

再多，就不说了。看这本书，就都知道了。

《新作文》：您认为生活中什么最重要？

祝勇：当然是读书和写作。金庸曾经表示，如果有两种选择——一种是没有自由，比如被关起来，但是有无穷无尽的书可以读；另一种是有自由，有花不完的钱，但不许读书，在这两种情况下，如何选择？他说他会毫不犹豫选择第一种。我想我的答案也和他一样。但要加上一条：写作。

《新作文》：在当今文坛，并非只有您表现出对于历史文化的兴趣。您是怎样区别自己的呢？

故宫坤宁宫，郑欣淼摄

祝勇：每个人的写作都有他的个人烙印，真正的重复，是不可能出现的——只有抄袭例外。我的写作，有变的部分，也有不变的部分。不变的部分，是始终没有放弃从中国传统文化资源中寻找营养，它给了我许多写作的动力。在历史深处，有太多未知的事物在诱惑我们。我们对于过去所知，并不比对未来所知的更多。对历史的表达，更是远远没有穷尽。向回走与向前走一样，都是越远越好。变的部分，如前所述，就是不断换取新的角度，寻找新的表达可能性。这既是一个艺术家的权利，也是他们的义务。一个艺术家如果不能呈现新的东西，他就是一个徒有虚名的艺术家。中国散文在经过一系列教条化的训练以后，已经失去活力，我们不能再写《荷塘月色》这样的东西了，我们即使把《红楼梦》再写一遍也毫无价值，因为《红楼梦》的时代不在了。我们必须用我们自己的经验、口音和语法说话。所有的陈词滥调、陈规陋习都在废除之列。这种文体上的探求，是另一种意义上的"出走"，是对传统写作方法的背叛，所以，黄永玉给我写了一幅字："散文叛徒"。从某种意义上说，这种"出走"更加艰辛。

这变与不变，并不矛盾，而是相辅相成，它们都使我获得了表达的冲动。关于故宫，我这样写："面对宫殿，我胡思乱想，如果我有选择颜色的自由，我会给宫殿漆上什么颜色？是土地似的棕黄，还是天空似的瓦蓝？那样的童话色彩无疑会消解帝王的尊严。只有血的颜色，是对权力最恰当的注解。它既诠释了权力的来路，又标明了权力的价值。如果有人对宫墙所庇护的权威感到质疑，那么，请你用等量的血来交换。宫殿简单明了地注明了权力的暴力内涵。如果你不进入权力系统，宫殿只是你视线中的风景；如果你对皇权发出挑战，那被残阳照亮的血色宫阙便时刻质问你，你所准备的勇气和牺牲是否足够。"（《旧宫殿》）我相信世界上没有第二个人可以这样写。我想我表述的故宫与旅游者们看到的故宫不一样。我是在写作中，不断寻找拥挤的人群以外的那些"空地"。这第二种"出走"，目的地并不明确，我们并不知道自己在往哪里走，走的是光明大道，还是死路一条，但有一点是肯定的，绝不能原地不动，固步自封。写作的意义就在这里。我们每个人都在各自的写作中确立着自己的意义。

《新作文》：最后请谈谈您对中学生的希望。

祝勇：如果可能，就多读些有意思的书吧。因为，生命中有一段时间，什么事都不必干，只要读书就好，实在是很幸福的事。以后你会发现，有些书如果你现在不去读，可能一辈子都没有机会去读了。最幸福的事：有书读，有自由。我觉得这两样我都有，所以我很快乐。

刊载于 2007 年 9 月号《新作文》，收入本书时有删节

采访者：侯婧

故宫是我毕生的写作资源

——答《中华读书报》记者问

《中华读书报》：这本书是为纪念辛亥革命100周年而写，属于命题作文吗？

祝勇：没有人给我命题，如果一定要说有人命题，那是时间在命题。辛亥革命过去100年了，这100年，是中国封建王朝走向末路的100年，是中国开启了现代民主之路的100年，作为一个写作者（尽管我算不上什么学者），自然会带着一种特殊的眼光回望那段历史，何况我是一个对历史特别敏感的写作者，有着强大的言说冲动。辛亥百年，算是一个机缘。它可以不是一个节日，甚至可以不是一个纪念日，却是历史与现实的一个衔接点，让我们在现实中想到历史。有时候我们会发现，历史与现实的界限并不那么清晰，有时甚至就是一回事。

《中华读书报》：在众多纪念辛亥革命的图书中，您觉得

《血朝廷》有何独特性?

祝勇: 严格来说,《血朝廷》并不是为纪念而写的,写这部小说的念头,已经在我的心里埋伏了好多年了。

之所以有这个冲动,是因为清末那段历史太曲折,人性的纵深感也强,以往的作品,比如电视剧《走向共和》等,专注于大历史,忽略了人;《苍穹之昴》虽对人性有所关注,但流于肤浅了。一切历史都是人的历史,没有了人,历史就会变得空洞。清末那段历史,把人压缩到一个很扁的空间内,"那些平时依序和并列发生的事,都压缩在一个需要决定一切的短暂时刻表现出来"。这使我们有了绝佳的机会来观察人性——极端状态下的人性。有时候,人的本性,在正常状态下很难体现出来,只有极端状态下,才得以暴露。《血朝廷》如果说与以往小说有什么不同,那就是它关注人在极端状态下的反应。我不愿意像以往有些历史小说的写法,仅仅把历史过程文学化,像一本文学流水账,人物的性格命运都是固定的,黑脸是黑脸,白脸是白脸,各就各位。

在我的小说中,历史被推为远景,人被推向前台。梦想、撕裂、彷徨、决断,对于每个人来说都是合理的。我常提到古斯塔夫·勒庞的一句话，他们"服从于某种不可避免的逻辑进程，这一进程甚至连他们自己也不能理解"。我的博士导师刘梦溪先生要求我们在研究历史的时候，要对历史人物抱有"了解之同情"。他们不是空洞的历史概念的载体，我在每个人物的身上都寄予了自己的同情。

《中华读书报》：对晚清 50 年历史的文学书写，对您来说有什么挑战性吗？

祝勇：有挑战性。最大的挑战来自人们对这段历史过于熟悉。写一个陌生题材容易讨巧，无论怎么写，对读者来说都是新鲜的。写大家熟悉的题材就不同了，这样的题材很容易让人闻之生厌。这无疑增加了写作的难度，使作品"输在起跑线上"。但正是这种难度，让我感到刺激，跃跃欲试。刺激在于能否将一个老套子的故事翻新，让读者感到"陌生"。"翻新"不意味着别出心裁，更不像有些人所指责的，把坏人写好、把好人写坏——那是另外一种简单化。历史本身是复杂的，而每一代人，甚至每一个人的视角也在变化，这使每个作家笔下呈现的历史都有不同。文学不是展现"同"，而是展现"不同"，展现个人的独特性和创造性。当然，由于是历史小说，还是有一些共性在约束，写作者不能得意忘形。这种约束，增加了难度，也增加了实验的价值，使这件事本身更富挑战性。在这方面做得最好的，我以为是李锐写的《人间》，在重述神话的作品中，这部最好，它把一个中国人耳熟能详的白蛇传的故事翻新，呈现出极强的新鲜感，又自成体系，体现了作家不俗的能力。这像魔术师的逃生表演，你明明看到规则把他限制死了，但他依然游刃有余，死里逃生。

《中华读书报》：为写作此书，您做了怎样的准备？在写作中，您在哪一方面更着力？据说这是《旧宫殿》的姊妹篇？

祝勇： 首先是史料准备。比如皇帝的御膳，查了《起居注》。家具摆放也有据可考。好在我对故宫比较熟。很多年来，与故宫的领导和专业人员打成一片，去了许多人迹罕至的宫殿，对故宫有了更深的了解。我的写作，也得到故宫一如既往的支持，对此，心里充满谢意。这里需要提到《旧宫殿》。我的《旧宫殿》，也是在这样的背景下写的。故宫是我毕生的写作资源。我愿意一辈子写故宫。而故宫历史文化资源的丰富性，我倾尽一生也表达不完。有人说《血朝廷》是《旧宫殿》的姊妹篇，是因为他们看到了两部作品之间的联系，但它们实际上只是我紫禁城系列作品中的两部，我希望自己能5部、10部地不断写下去。

在这部小说中，故宫的大框架、大环境，越真实越好。但这不是一部纯写实的作品，不是一部"趴"在地上的作品，我是想让作品飞起来，所以不能跟在史实后面亦步亦趋。这或许就是争议最大的方面。虚构的部分，如珍妃死于自杀、李鸿章与革命党的秘密会见、光绪皇帝替身的出现等，我也找了史料依据，如《庚子国变记》《宫女谈往录》《世载堂杂忆》等，这些史实，都众说纷纭，各执一词，但我觉得这并不重要，重要的是在我的书中，展现了历史的某种可能性，或者说，它只是完成了我对历史的某种想象。文学不同于历史，否则它们就不会成为两种学科。中国的历史小说写得太实了，所以无法出现像聚斯金德《香水》那样不朽的作品。

《中华读书报》：在书中，您分别选取了光绪皇帝、慈禧、隆裕、李连英作为叙述人，通过他们的口吻来讲述那些曾经改写了中华民族命运的历史事件。为什么要选取这样的视角？

祝勇：刚才说过，在这部小说中，历史被推为远景，人被推向前台。我的目的不是表现历史过程本身，而是通过历史过程表现人的精神世界。这种独白式的写法，最能深入到人的内心世界，洞察历史当事人面对"决定性瞬间"的权衡与决断、撕裂与挣扎。比如隆裕，人们都知道她，但很少有人进入她的内心世界。光绪皇帝与珍妃夜夜莺歌，她就住在同一屋檐下，只是分居两室而已，她的内心痛苦，应该说也是极致性的。这为我们进入她的内心提供了一个很好的视角。

所以，类似的史料，在我看来有着丰富的阐释空间。但在以往的历史小说中，只关注历史"大事"，这类鸡毛蒜皮的小事不入小说家们的法眼。正是对人性的幽深处有所洞察，才能将现在的读者与已逝人物的心贴在一起，使逝去的历史不再空洞和苍白，使小说具有感动人心的力量。所以，《小说界》副主编谢锦在读完这部小说后给我写信说："《血朝廷》让我读到的是每一个具体的人在纷乱时代中的痛与挣扎，而掩卷，感到的却是人背后的一种巨大的向下的沉没感，它不由分说地拖着承载着所有人的这个王朝、这个时代向地底走去，越陷越深，永不救赎。多年前，我在钱宁的《秦相李斯》中读到过这种历史的'悚然之气'，此番又读到了。"

《中华读书报》： 您是从什么时候开始写作的？写作中是怎样的心态？您如何评价《血朝廷》？完成后满意吗？

祝勇： 2003 年写完《旧宫殿》，就渐渐萌生了写作此书的想法。《旧宫殿》主要写明朝，这部小说主要写清朝。这是区别之一。更重要的区别，在于《旧宫殿》是一个跨文体的综合文本，写完之后，我觉得自己可以尝试一部"纯粹的小说"。在 2007 年开始了《血朝廷》的写作，不是写的开头，而是写的中间部分。但集中写作，是 2010 年，每天从早上起床，到夜里两三点，坐在电脑前基本不动，连吃饭也是草草应付，怕耽误时间。没有时间回短信，所以得罪了朋友。那段时间全沉在小说里，吃饭、睡觉都在想，觉得被小说的人物命运推着走，像穿上了红舞鞋，想停也停不下来。

在小说中，我表达了我想表达的内容，至于别人的评价，我不太在意。我不要畅销，不要获奖，只要在写作中实现了自己，就足够了。这就是我的心态。

《中华读书报》：过去经常在杂志上看到您的随笔，近几年更侧重于历史文化，写了这么多年，您觉得自己在写作风格上有怎样的转变？

祝勇：小文章短平快，使用起来比较方便，但难做大的建构。这两年散文写得少了，在考虑大一点儿的问题。长篇小说、长篇散文和学术专著因为容量大，所以更便于展开一个话题。目前这个平台更吸引我。除《血朝廷》外，刚刚由三联出版的梳理西方视野里的中国形象的《纸天堂》也是这样的建构。我甚至打算写一部多卷本著作，这或许是许多作家的梦。我感觉自己走得深了，走得远了，但对文学的信仰没有变。无论时代如何变幻、文学如何边缘化，这一点都不会变。

《中华读书报》：您如何评价自己在同时代作家中的位置？您希望自己成为一个怎样的作家？

祝勇：邱华栋有一句戏言，被我奉为经典，就是："超越

自我。因为超越了自我，就等于超越了别人。"既是调侃，
也是严肃认真的。

《中华读书报》：您现在的生活状态是怎样的？愿意透露
一下吗？

祝勇：我喜欢在多种艺术形式之间游弋，散文、学术、小
说，甚至影视，这样才有新鲜感。我主创的纪录片《辛亥》
将由北京卫视（北京一套）自 10 月 10 日起在晚上黄金时
间播出，"西方视野里的中国形象"之《利马窦：岩中花树》
也在这前后在央视纪录片频道播出，希望各位捧场。专著《辛
亥年》也将在 8 月由三联出版，里面有很多珍稀史料和影像。

原载 2011 年 7 月 27 日《中华读书报》

采访者：舒晋瑜

小说家就是魔法师

——与何大草、蒋蓝先生的谈话

我们不可能再像姚雪垠、二月河那样写历史了

祝勇：中国的历史文学在我们这代写作者的手里，已经发生了变化。我们不可能再按照以往的历史小说作家——如姚雪垠、高阳、唐浩明、二月河等提供的范本从事历史写作。《血朝廷》讲述清朝最后 50 年的历史，这段史实，已经被文学和影视作品反复表述过，无论对于读者还是作家，都没有什么新鲜感。我之所以还要写它，是因为在我看来，以往的历史小说只见历史不见人，小说中的人物是扁平的、单维的，而不是立体的、多维的。作家们写现实题材小说可以写得很有想象力，一碰到历史人物就畏葸不前了。所以以往的历史小说，大多是白描式地复述历史过程，而现代小说的各种探索，在讲述历史时全都失效了。

蒋蓝：在我看来，历史小说一般有两种常见的写法，一种是传统的"高阳笔法"，具有强烈的故事性和可读性，但这种写法有时只见树叶不见森林，容易岔入传奇的惊堂木节奏中，从而脱离历史的主线。

祝勇：一种适合单田芳播讲的小说，这样的小说与评书没有根本区别。

何大草：历史小说成了"二十四史"的白话版。

祝勇：我动笔写《血朝廷》，就是不甘于这种白描式的写法，而是试图提供一组表面上为我们熟悉，实际上陌生的历史群像，比如慈禧、光绪皇帝、隆裕、李鸿章，等等。越是熟悉，就越是陌生，因为以往的历史小说作家们，没有真正地打量过他们。我们不可能像姚雪垠、二月河那样去写历史了。他们是隔岸观火，而我们则企图深入当事人的精神世界，不是写事件，而是写精神——既是他们的精神，也是写作者自己的精神。

何大草：就是以自己内心的生活去点燃过往的生活，让它燃烧起来，使其丰富，有新的价值，这是我们今天特别需要的东西。

蒋蓝：历史小说的另外一种写法可以叫"唐德刚笔法"。唐德刚曾经写过一部名叫《战争与爱情》的小说，纪实性强，文学性弱。它反过来影响了历史学家的理论阐发，不妨叫作"一个历史学家的平民视域口述史"。我觉得祝勇走的路非常好，历史森林与树叶的关系，掌握得非常好，在还原到肉身的叙事里，有历史学家的观点和尺度。里面没有炫耀，但也没把观点藏起来，它在里面比较融洽地得到体现。很多写历史题材的人，其治学理念和治学能力是不够的，但《血朝廷》既体现了他独特的历史观和对文本的宏观把握能力，也能让我们感受到书中人物的呼吸，这与他的综合能力，包括他的学术修养和长期散文写作形成的语言功底分不开。尤其小说中的注释多达几万字，形成一个独特的表述单元，这样的写法在以前历史小说写作中是比较罕见的。

祝勇：最近出版的一些历史小说，如何大草的长篇小说《盲春秋》、赵柏田的长篇小说《赫德的情人》、邱华栋的长篇小说《单筒望远镜》，以及蒋蓝的一系列历史叙事，如《拆骨为刀》等，都表达了这样的一种冲动——以一种全新的方式言说历史的冲动。

何大草：祝勇的小说给我提供了一个喜欢的理由，就是面对复杂。我们总爱说一句话，就是：越简单越好。把这句话用在生活中是可行的，但要在小说中反映一段历史或者一个人的内心世界，却越复杂越好。要用复杂的结构、复杂的视角去对应它。我相信对于祝勇来说，这是一种抱负。刚才蒋蓝有一句话我并不同意，就是祝勇在写作中没有炫耀。祝勇是有炫耀的。创作需要炫耀。在祝勇的小说中，一个掏大粪的成了光绪皇帝的替死鬼，谁都知道这不可能，但祝勇的叙述过程完成得严丝合缝，这就是能力，值得去炫耀。我觉得一个艺术家和写作者在创作的时候，如果丧失了这种炫耀，是非常遗憾的一件事情。

蒋蓝：祝勇的小说体现了一个文学家面对复杂时的抱负和野心，重塑历史的一种野心。他驾驭复杂的能力，是我特别欣赏的。

祝勇：文本复杂性不是凭空产生的，而是与历史的复杂性和人性的复杂性相对应的。就像蒋蓝刚才谈到的，以往的历史写作，容易岔入传奇的惊堂木节奏中，变成对历史过程的描述、对"真相"的"还原"，而历史人物，不过是在实现这一目标过程中的一粒棋子、一个符号而已。过去的历史小说往往专注于一个历史进程，把人完全固定化，每个人都是一个固定的符号。李鸿章是什么符号，慈禧是什么符号，早就一目了然了，唯一的阅读期待，聚焦在情节的起伏上。传统历史小说在把人物脸谱化、格式化的同时，也把历史本身简单化了，历史变得光滑、整洁、"合理"，历史的戏剧性、历史人物内心的冲突性都被削弱了。实际上，每一个人在历史的关头，无论崇祯皇帝还是光绪皇帝，也无论李鸿章还是袁世凯，在自己特定的历史时空里，在玉碎宫倾的极端状态下，都有自己的挣扎、痛苦与纠结。周作人主张"人的文学"，原因亦在于此。然而，这种复杂性，被过去的历史小说忽略了。历史小说最重要的任务不是讲述故事，而是在一个极端的环境里面来观察人性。我们的小说在形式上的复杂性只是一个外在的表现，更深层次的对应是历史人物的复杂性。

何大草：人性的复杂性。

蒋蓝：与以往的历史小说相比，祝勇写《血朝廷》，完全换了一种写法，把历史进程推后，当作远景，而把人推到前台。祝勇深入了他们的内心，展现了以往的历史小说从未展现的人性的复杂与幽魅。正是由于这一点，我们所看到的历史才是有温度的、有人味儿的历史。对此，评论家的评价十分公允："书中人物是每个国人都熟悉的：光绪皇帝、慈禧、珍妃、荣禄、李鸿章……作者努力潜入人物内心，揭开他们最幽暗神秘的精神黑箱，让那些被政治结语遮蔽的爱与痛挣脱时间之网，重现原形。本书是对写作极限的挑战，它所呈现的人性的鬼魅幽深令人深感惊异。"这样出来的人物，才能更加跟我们贴近。小说里的人物，是可以对话的，他们像我们一样有梦想，也有弱点。

何大草：对，我们看慈禧的照片，就觉得她戴着一个面具。我们要做的，是把慈禧的面具摘掉。有些历史学家或者历史小说评论家，从历史的结论出发去写历史小说，他的结论是历史学家的结论，带着这个结论去寻找材料，是结论在先，写作在后。我觉得祝勇的小说是从个人出发的，用作家的内心去感应历史人物的内心，这是和前者的一个重大的区别。

荆轲刺秦有多种可能

何大草：祝勇在《血朝廷》开始描述崇祯皇帝自杀的场面堪称经典。他写："崇祯在自杀前的最后一刻，透过白绫围成的取景框，看到了他的浴血宫殿。" 这既是崇祯皇帝的视角，也是祝勇的视角；既是一个末代皇帝的视角，也是一个受过现代文学训练的，被电影、绘画等当代艺术熏陶过的作家的视角。这两个人的视角统一在一个取景框里，《血朝廷》就是借用了这样的一个取景框写成的。这种能力，正是以往的历史小说家们不具备的。他们试图回到历史中，"还原"历史，而历史，恰恰在他们的"还原"中，失去了自身的血肉和真实性。

祝勇：历史无法还原，即使写成二十四史的白话版也无法还原。现实主义风格值得尊重，但把现实主义沦为脸谱化、格式化的历史表述（历史也是现实的一种，是一种逝去的现实），是对现实主义的歪曲。它恰恰是不现实的，因为他们所描写的人——红光亮、高大全、黑白分明，在历史中从来就没有存在过。他们所谓"还原历史"的努力是失败的。所谓"客观性"，或许是史学研究的目标，但绝对不是文学的目标。

何大草：即使司马迁的《史记》也是主观的，里面出现了那么多的细节、对话，它们出现得越多就越靠不住。比如我们今天的会面，如果我们今天回去写日记，每个人所记"真实"必然有出入。

蒋蓝：大草说到《史记》，关于荆轲刺秦这段历史，我手上有一本鲁迅标注过的小说《燕丹子》，就和司马迁的叙述不一样，那么你怎么能够证明谁的叙述更具有"客观性"呢？祝勇有一句话说得很好："历史是写出来的。"历史是逝去的现实，无法再现，只有在表述中才能存在。在鲁迅考证《燕丹子》之前，这是一个不大被人重视的版本。因为鲁迅，它受到了重视。

祝勇： 关于历史的主观性与客观性的问题十分复杂，它们胶着在一起，已经让西方学者争论了一个世纪，我们在此就免谈了。有关荆轲刺秦，细节各有不同，但我们不能说荆轲没有刺过秦王。强调历史的主观性并不等于否定历史的客观性，更不等于历史虚无主义。即使我们永远无法探知历史的"真相"，但基本的事实是存在的。文学不受这样的约束，因为文学表达的不是历史的"真相"，而是作家对历史的想象，是历史的多种可能中的一种，是作家自己心中的历史。在文学中，不存在一个公共的历史"事实"，更不存在公共的历史形象，共同的历史人物在不同的表述中应当各不相同。在不同的文学作品中，不应该有一个共同的李自成，也不应该有一个共同的光绪皇帝。当然有一个前提：李自成和光绪皇帝都是存在的。

何大草： 中国的读者往往陷入这样一个误区，即人们看历史小说，不是当小说来看，而是通过小说来看历史。在国外，历史小说的地位是相当高的，但他们不会通过那些小说去看历史。

蒋蓝：《三国志》是史料，但《三国演义》不能被当作史料。

祝勇：这是中国读者的误区，更是中国作家的误区。从前的历史小说作家，一进入历史，就掉进了历史的陷阱，飞不起来。历史像一个黑洞，把他们吸进去了，他们在历史中彻底失去了自我。

何大草：所以，我们不要说历史小说，它就是小说。

蒋蓝：历史小说，小说是核心词。现在人们反过来了，变成小说历史了，把历史作为核心词。

祝勇：其实，许多老的历史小说家，在写作上很用力，却适得其反。

何大草：四川有一个很值得尊敬的历史学家，叫任乃强。他写了一部长篇小说《张献忠》，他说了一句话，就是他小说里没有一句话没有来历。作为一个历史学家，这句话值得尊重；但用在小说写作中，他输在起跑线上了。果然他这个小说也没有什么影响。这部小说，完全可以成为历史小说写作的反面教材。

祝勇：所以，前面谈到的一些历史小说写法的变化，不是某一方面的变化，而是从历史观到语言的系统变化。

何大草：说到语言，我十分欣赏《血朝廷》的语言。我们可以随便抽取一句："他一眼看见了花园内的那口井，像一个逝去女人的腰，细小、光滑，透着孤单和冰冷。他突然间浑身颤抖起来，不顾一切地扑上去。"这样的文字，有形象、环境、氛围，让我马上感觉得到，甚至嗅到那个气息。一个写作者掌握了怎样的语言，就决定了他有怎样的思维。

祝勇：互相决定的：语言决定思维，思维也决定语言。

蒋蓝：我觉得提出新历史写作这个概念很重要，这也许涉及历史小说的转型问题：重视历史逻辑但又不拘于历史细节；忠实于文学想象但又不为历史细部所掣肘。想象力不是拿来浇注历史模子的填料。暴力一直是黑暗历史的动词，暴力与性、权力的结盟整合了黑暗历史的繁复句法。祝勇不是一个"修旧如旧"的工匠，他翻开辉煌的瓦楞，让权力的屋檐露出了霉变的耻部。

何大草：对，小说的创作体现了作家对自由的向往，因为它能够让人们在里面看到独立、自由、个体的影子。略萨说，没有虚构的文学，我们就不能更深刻地认识自由的意义。这句话说得特别好，祝勇的《血朝廷》，就体现了一个作家的自由意志——我来安排历史，而不是匍匐在历史脚下亦步亦趋。张大千不是说过吗，艺术家不是帝王，艺术家是上帝，他来重新安排这个世界、重新安排历史。丘吉尔说过一句话，也特别有意思。有人说他很了不起，创造了历史，丘吉尔说，创造历史最好的方式是写作历史。

蒋蓝：这句话很牛啊，所以后来丘吉尔获得了诺贝尔文学奖。

祝勇：历史小说比现实题材小说更有魅力。写一个当代题材的虚构小说，它是没有限制的，如何虚构都不会遭到非议。但历史小说好像有了一定的路径，从 A 点经过 B 点，抵达 C 点，有一定的限制性，作家只能在限制中施展自己的想象，仿佛戴着镣铐跳舞，去实现自己的主观性，更有难度，也更有意义。

何大草：现实生活像是在地上走路一样，而历史小说更像是在钢丝绳上表演，弄不好你就掉下来了，哪个动作越危险，难度系数越高，加分的系数就越高。又像跳水，难度系数小，失误也小，但分数也少；难度系数高，你很容易失败，但一旦成功了，加分也高。我觉得这是一个非常大的刺激。历史小说比现实小说更刺激，风险大刺激也大。

祝勇：我喜欢这种有难度的写作，也就是从镣铐中飞起来，有点像魔术中的脱身表演，这是在写作中实现了一个奇迹，也只有在写作中，我才可能实现这样的奇迹。刘心武的一些作品是从《红楼梦》脱胎出来的，比如他写《红楼三钗之死》，以及前不久的续写《红楼梦》，成败姑且不论，这种写法本身就很大胆，充满了想象力。他从一个文本中幻化出另外一个全新的文本，就如蒋蓝所说，在书写中实现自由的意志、创造的精神。

何大草：我曾经看过一个国外的中篇小说，写包法利夫人生的儿子后来去找到福楼拜，说你怎么这样安排我的命运，搞得福楼拜很头痛。

祝勇：充满了想象力。我们中国的写作者就缺少这种想象力。中国小说最大的问题就是飞不起来。我们回顾一下文学史就会发现，很多作家，都是把自己的经历当作写作资源，这就是没有想象力的表现。自己的经历资源用尽了，写作也就枯竭了，没有那种飞出去的能力。我喜欢马尔克斯《百年孤独》、聚斯金德《香水》这样的作品，充满了奇诡的想象力，它们都是历史小说，是我向往的作品。

何大草：夏志清说他不喜欢电影《卧虎藏龙》，是因他弄不明白一个女人怎么可能打赢七八个男人。

祝勇：看来他是一个文学思维有缺陷的人。套用一句广告语，在文学中，一切皆有可能。在现实生活中不可能的事，在文学中也是可能的，只要作家赋予它一个逻辑。这种改写能力，就是想象力。夏志清的评判标准完全是反的。一个女人打赢七八个男人，这不是错误，相反，这正是文学的魅力。再极端一点儿，可以让一个孩子打败七八个成年男人，只要赋予它一个逻辑。所以，大草写的《盲春秋》中，我最喜欢的是崇祯皇帝和李自成在破庙中见面的那一段。

我们都知道这在实际中是不可能的，而作品的魅力恰在于使不可能成为可能。在《血朝廷》中，权力顶端的慈禧太后被一个掏大粪的活活气死，也是基于同样的考虑，因为这是对权力的极大的反讽。

蒋蓝： 由此可见，夏志清对中国小说史的书写是值得怀疑的。

何大草： 小说家实际上就是魔法师，最差也得是魔术师。他进行的所有游戏都是假的。只有承认"假"这个前提，游戏才能进行。今天我们看刘谦变魔术，又都指责他作假，这就十分荒唐。魔术当然是假的，但你看不出破绽，这才叫功夫，小说家也是一样。小说家提供了一个自圆其说的逻辑，就足够了，即使是假的。小说家把一个魔术做到了天衣无缝，我可以让你去分享它、欣赏它，这就是小说的魅力。

原载 2011 年 8 月 15 日《北京晚报》

整理者：林元亨

网络、故宫、纪录片
——答《中华读书报》记者问

给深圳大学艺术学硕士生上第一堂课时，祝勇就说："希望我在这里没有浪费你们的时间，也没有浪费我自己的时间。如果我的课能够对一两个学生今后的道路施加一点影响，那连我自己都会对我刮目相看了。"

著书立说、拍纪录片，都是传播思想的途径，在大学任教也不例外。

对祝勇而言，除了作家，教师是他最喜欢的职业。只是目前的小学、中学，全为应试教育服务，学生成了试管婴儿，有严格的成长配方，按计划成长，结果千人一面、众口一词，没人能发出自己的声音。在大学任教，多少可以保留一些个性，没有升学压力的老师，才是真正意义上的老师。写作和教书具有某种互补性——书的影响力无从确切知道，而面对学生，这影响却是实实在在地、切切实实地介入和干预着他们的成长历程。

用文字和影像书写历史，尤其是紫禁城的历史，在这方面，祝勇有些独到的心得。深圳大学创办了"祝勇文化创意中心"，同时聘任祝勇为教授和硕士生导师，可以使他把这些心得传输给学生。这个中心，使北京的皇宫和经济特区的大学有了一个结合点。在这里，祝勇将带领学生们共同创作大型纪录片《鸦片战争》——它发生在广东沿海，却与紫禁城有着密切的联系。

与此同时，他的纪录片在网上的反馈也颇有声势。有网友说《辛亥》是同年度同题材作品中最好的一部；也有网友说祝勇对慈禧、端方、袁世凯、段祺瑞太仁慈，过于"美化"。祝勇便和网友交流：我无意去"美化"谁，也无意为谁"翻案"，对于历史人物，我只想做到"了解之同情"。"是网络给了我们交流的机会。它是一个奇怪的场域，人们在这里隐匿了真实的身份，却反而能够表达真实的声音。一切历史都是当代史，我对历史的重述构成了我心目中的历史，而网友的评说，也构成了一部公众心目中的历史。"

《中华读书报》：您多年来致力于历史文化散文的创作，近年涉足纪录片领域，为什么会有这样的转变？

祝勇：很多年来，我一直都在以文字的方式重述历史，包括物质生活史，后来觉得，仅靠文字单打独斗是不够的，必须图文互证。我不研究摄影史，但自摄影诞生以来，叙述历史的方式就发生了革命性的变化，历史变得可以"看见"。历史是由证据链构成的，影像所提供的证据，具有不可替代的权威性，它使证人（摄影者）所看到的事物，能够被不同时空的人"重新观看"，使不在历史现场的人获得了一种辨认历史的视觉途径。

我对纪录片的喜爱，完全出于同样原因。比如去年我主创的 10 集纪录片《辛亥》（北京电视台首播），原始影像成为这部片子最核心的构成元素，我们几乎查遍了包括美国国会图书馆、大都会艺术博物馆、法国阿尔贝·肯恩博物馆、大英图书馆、故宫博物院等在内的世界上重要图书馆、博物馆的影像档案，不仅找到一些非常珍稀的原始照片，还找到许多从未披露的活动影像，比如清末袁世凯操练新军的活动影像、一战胜利后黎元洪阅兵和讲话的活动影像等，这些材料构成了纪录片在重构历史方面的巨大优势。从文字表述，到图文互证，再到纪录片的拍摄，我们重构历史的手段越来越多，能力也越来越强，这是我喜欢纪录片的重要原因。

《中华读书报》：您的纪录片在网络上也能看到，是通过怎样的渠道？在网络上反响如何？

祝勇：网络越来越重要了。很多年前我读海南出版社出版的《数字化生存》，还觉得那个时代非常遥远，现在我们的写作、我们的艺术，都离不开网络世界。目前影院还不能承担起纪录片的播映功能，上院线的纪录片很少，即使上去，也都是不好的时段。与影院和电视台相比，网络当然具有更强的灵活性，可以随时搜索、观看，尤其现在手机可以上网，几乎完全取消了对时间和空间的限制。这也使纪录片的收看变得更加便捷。我发现我的纪录片，像《辛亥》《我爱你，中国》《岩中花树》等，在网上也都搜得到，比如优酷网、新浪视频、中国网络电视台等。对于纪录片来说，这是好事。我觉得纪录片工作者最大的苦闷是缺乏传播渠道，好作品藏在深山无人识，优秀的创作者也比电视剧和电影的创作者寂寞得多。

当然，纪录片和网络的结合，并不完全是被动的。网络这种媒介，呼应了纪录片的自由品格，所以它们必然一拍即合。网络改变了我们的生活，也将会改变纪录片的历史。

《中华读书报》：您有博客或微博吗？会不会利用这些方式为自己的作品做些宣传，或与网友进行交流？

祝勇：有博客和微博。新浪博客已经开了多年，但平时太忙，懒于耕种，所以这块田地有点荒凉。微博是今年才开，也是新浪的。原来有点拒绝，但开通微博后，发现联络非常方便。之所以能够持续下来，就是因为它的方便。我换手机，电话簿里原有的许多号码丢失了，这些"漏网之鱼"通过微博一找就找到了。最近我在创作一部名叫《我们的故事》的纪录片，北京卫视 12 月播出，要找我的朋友、电视剧《悬崖》的编剧全勇先，没想到他自己在微博上露脸了，我就给他发了私信。

报纸上发表的讯息是经过筛选的，而微博上的消息则带有更强的个人性，体现出更多的个人趣味。比如我看荆歌的微博，谈书画古籍的多，有强烈的文人气；俞晓群的微博，关于书籍版本的多，见证了他的出版家身份；雷颐的微博，学者的色彩浓厚。如果说摄影对于历史的表达是碎片式的，那么微博就更碎片，但它同样有记录历史（当代史）的文本价值。

《中华读书报》：您说过自己的写作是真正的"民间写作"，而网络也是草根一族的自由领地，那么这样的"民间"与"草根"会不会有交集？

祝勇：文学是一片自由的领地，没有自由，还写什么呢？所以说，不民间的写作，作家只是一只手；而民间的写作，作家才恢复成大脑。

网络为更多的"民间声音"提供了一个生存空间。我觉得网络最大的贡献，是在一定程度上实现了言说权利的平等。现实世界里话语权利的不对等在虚拟的世界里变得对等，原本的单向言说变成双向甚至多向言说。有人说网上的信息垃圾太多了，但我觉得众声喧哗未必是一件坏事，至少它给了我们选择的机会。

当然，网上还有攻击、谩骂，有无所顾忌的撒野胡来，但我发现网上也有对语言暴力的修复机制，有公正、理性、求实的声音。

《中华读书报》：您的作品在网上有电子版吗？

祝勇： 除了早年作品，我的作品在网上基本都有电子版，包括近年出版的长篇小说《血朝廷》、历史散文《纸天堂》、非虚构作品《辛亥年》等。对此心情矛盾：一方面网络扩大了作品的传播范围，也无形中扩大了作家的影响力；另一方面，网络上基本都是侵权的，尤其随着时代的变化，将有越来越多的年轻人习惯于网络阅读，纸质书的发行量将受到网络电子版的严重挤压，如果长此以往，写作者的版税收入会越来越低，从而使许多人不再愿意进行原创。我不知道一个没有文化原创力的国度还谈什么文化复兴。

《中华读书报》： 您为什么要调入故宫博物院？博物院是否也在利用网络等现代化信息交流方式扩大自己的影响和宣传？

祝勇： 我是一个选择性的"势利眼"，对于故宫，我一直是"垂涎三尺"。以往与故宫研究人员打交道，走过红墙之间长长的夹道，心里都有一种说不出的向往，我的写作也有许多与故宫有关。2003 年发表《旧宫殿》，2011 年出版《血朝廷》，虽然都是文学作品，但都表达了我对于这座浩瀚宫殿的理解。

明年开始，我还将在《十月》杂志上开一个以故宫藏品为主题的散文专栏，叫《故宫的风花雪月》。《辛亥》《岩中花树》这些纪录片，也都与故宫的历史有密切的关系。其中《岩中花树》是写明代传教士利玛窦的，他把进入紫禁城、说服万历皇帝信仰基督教作为自己的使命，他一生的命运起伏都与紫禁城有关；《辛亥》更是从清廷的视角来写辛亥革命的，与其他表述辛亥革命历史的影视作品完全不同。一说到故宫，我就血脉偾张。去年接受《中华读书报》采访时，我说过，故宫是我毕生的写作资源，调入故宫博物院，对我来说绝对幸运。我要感谢故宫博物院领导的友善礼遇。调入故宫后，我在作协会上见到陈祖芬老师，她第一句话就说："故宫对你来说是最合适的地方。"故宫存储的历史信息太过丰富，我一生也享用不完。

故宫博物院正在通过网络推进现代化的信息交流平台，比如我们故宫博物院网站的建设，是从 1998 年开始的，现在这个网站日访问量都在 60 万次以上，有 16 个栏目，每个星期都有新的内容添加进去，每个月都有在网上订制的虚拟展览，网站上有好几百万的文字量和两万多个影像文件。再有，单霁翔院长透露过，我们正在成立数字所，利用数字技术演示三大殿木结构的特点，对故宫中那些空间狭小但极富艺术信息的厅堂空间,例如养心殿、倦勤斋等,通过数字技术方式展示出来。比如位于养心殿内的三希堂,面积只有 8 平方米,人们不可能到这样狭小的空间去观赏文物,但是这里的文化含量非常丰富,因此,将要通过虚拟现实技术,使人们能够自己动手操作,参与性地"进入"这些庭院、房间内,观看其中的文物和陈设。目前,故宫博物院已经先后完成了《天子的宫殿》《三大殿》《养心殿》《倦勤斋》等 4 部虚拟现实作品,并计划在近两年内完成故宫博物院数字博物馆的建设。

原载 2012 年 11 月 28 日《中华读书报》

采访者:舒晋瑜

重释传统的难度

——李敬泽等谈《故宫的风花雪月》

李敬泽：祝勇不是一个一般的散文家，应该说这个作家在近十几年来中国的散文发展中是有重要地位和作用的。早年间进行新散文写作，祝勇可以说是其中最坚决、最彻底，坚持的时间最长的一位。现在看，我觉得我们衡量一个潮流或者一个现象，一个是看它本身的成就，另外一个也是看这个潮流和现象对于文学，对于我们某一方面的创作，确实发生了潜在的、持久的影响。这么多年下来，祝勇通过他大量的、持续的、高质量的写作，当年"新散文"所确立的一些话语方式，在现在已经成为很多散文的通律。一个作家的这种创造和坚持，到最后某种程度上影响文风，这个是非常值得研究的。现在可以做的一个工作就是从那么多的散文中，去辨析祝勇的声音，确实值得研究，确实是祝勇的厉害之处。

《故宫的风花雪月》，我觉得第一是很好看，第二也确实有研究的价值。我们现在面临的一个问题，或者说祝勇现在面临的一个问题，就是关于中国，关于我们的文化，关于我们的经典，我们不断地进行现代性或者世界化的阐释——用"五四"以来的世界性的话语要去重新解释一遍。我们的脑子里已经充满了"五四"以来的现代概念，但我们有时候一说就错。我们现在说中国要有文化自信，要去继承和弘扬传统文化。越来越多的人意识到，我们更需要从传统内部，要用它自身的概念和自身的范畴，去对它进行理解和解释。我们需要恢复对传统的感受力。当我们试图用这套现代话语对传统加以理解，拿笊篱去捞，虽然捞上来一些东西，但是从笊篱眼里流下去的东西更多，甚至，那些才是传统文化的生命、精神、神韵。

在这样的背景下阅读祝勇，我们就可以观察到他在这方面做了很艰苦的努力，我之所以说很艰苦的努力是因为这个局面特别难。祝勇是很现代的，祝勇也有一大套的概念，但是我觉得祝勇蹲在故宫里做一个"老学人"还是很不一样的。我最喜欢和最珍视的还是在这本书里透露出来的对于我们文化的经典带着体温的理解，带着温度，有可能做到的是你贴上去时的那样一种感受。这种感受力的恢复和重建，是祝勇这本书的一个重要进展。祝勇的《故宫的风花雪月》可以说是一个标志，标志着我们面对这个挑战的难度和我们应对这个挑战的勇气和方向。

梁鸿鹰：《故宫的风花雪月》是当代散文创作中一部难得的作品。它具有很强的复杂性，真正优秀的作品不可能是单一的，用一个角度完成的。祝勇对散文的边界有很大的拓展，既不是按照我们中学课本上学到的刘白羽的模式，锐气也超过了余秋雨，当然散文流派众多，但无论怎样，像祝勇这批写作者，把散文的文体边界大大地拓展了。

孙郁：关于故宫的叙述确实是一个大学问，祝勇是一个文学家，他带着良好的审美天赋进入故宫，以一个作家的角度去面对故宫，没有文物系统人的腔儿。他的作品中包含着一种强烈好奇心，所以他能够跳出来，用文学的和现代的眼光去看待那些古代的遗物，把历史话题激活了，写得很漂亮。

何向阳：习近平总书记在讲传统文化的传承问题时，我觉得讲得最好的一句是"让收藏在博物馆里的文物、陈列在广阔大地上的遗产、书写在古籍里的文字都活起来"，我觉得祝勇的书产生在习近平总书记说这个话之前，确实把宫殿里的这些文物、书画，做了个人性的还原，这种还原是非常美的，在当代做这样一件事情特别有价值和意义。

宁肯： 散文本身是一种具有极强的现代性的文体，西方的现代哲学越来越散文化，比如本雅明、罗兰·巴特、福柯，都已经不是那种模式化、结构化，像黑格尔那种庞大的体例，而是打碎体系，从语言的角度，从不同的角度来进入哲理上的书写。祝勇对故宫的叙述也是现代的，他完成了我想象中的对古典文化的现代性叙述。其中，我最喜欢这里面的《韩熙载，最后的晚餐》，他对四层权力关系的分析，像剥洋葱一样，层层深入，事物本身的深刻性随着谜团一层层揭开，达到了非常深的深度，已经超越了散文。只有超越散文，才能写出真正的好散文。否则，散文就仅仅停留在美文或者抒情散文的层面上，而没有思想的高度。祝勇的《故宫的风花雪月》就是我理想中的散文。

祝勇： 这是我第一次举办个人作品研讨会，我不喜欢办研讨会，是因为我这个人胆小，不愿意成为中心话题，一个人悄悄写作就够了。但这次研讨会，虽由中国作协、北京作协和《十月》杂志社共同举办，足够"高大上"，却是在中国作协小会议室里举办，来的都是老朋友，会场也没有挂任何横幅，这让我感到亲切许多，更像是老友间的一次交流。与各位相识一二十年，却很少有这样倾谈个人写作的机会，所以今天对我来说，堪称一次奢侈的享受。

如同各位所说，我这么多年的写作和阅读积累，在《故宫的风花雪月》这本书里得到一次集中释放的机会。这是我写作 20 多年来，自己最满意的一部作品。我希望文学与历史、与思想能真正融合到一起，水乳交融，而不是两层皮。我这个人，写作起步早，进步慢，20 多年后，才找到一点儿感觉，这也证明了文学需要持久的努力。对于各位的溢美之词，我权当鼓励与鞭策，对于各位提出的意见，我要认真考虑。比如敬泽说，我的写作太严整，像一部交响乐，起承转合，其实有些地方可以破一下，顽皮一点儿，幽默一点儿。我懂敬泽的意思，也喜欢敬泽《小春秋》里的那种俏皮与机智，但我自己做不来。我希望自己以后能写得更轻松、随意、尽兴，那样，才能真正地进入自由之境。谢谢大家！

此文为《故宫的风花雪月》研讨会发言摘录

谈话时间：2013 年

那些从未谋面的人，
让我变得更加完整

——答《人民日报（海外版）》记者问

《人民日报（海外版）》：请结合您自己的文化散文（或者说历史散文）创作，界定一下什么是文化散文（或历史散文）。

祝勇： "文化散文"这个说法颇有些暧昧，因为散文是文学的一个种类，更是文化的一部分，散文本身就是文化，不需要再用文化来界定。我当然理解命名者的初衷。至少为了言说的方便，我们大可不必那么严密。在用词上斤斤计较，有时反倒说不清楚；有时姑妄言之，反而容易心领神会。就拿"文化散文"来说，这么多年来，它的意思早已约定俗成，就是指那些有"文化"的散文，也就是以历史、哲学、文化为言说内容的散文，相对于我们多年来已经习惯的那种小情小调、咏物抒情的小散文，更有文化底蕴，意味更加丰厚，篇幅也更长。

《人民日报（海外版）》：您写"文化散文"有什么心得？

祝勇：很多"文化散文"都写成了知识的堆砌，成为写作者炫耀知识的工具。这是当前"文化散文"流于浅薄的一个重要原因。知识是工具，是拿来使用的，不是拿来炫耀的。它是必需品，不是奢侈品；是共享资源，不是给少数人的专供品，因此不需要炫耀这种知识上的特权。

但更重要的，"文化散文"首先是散文，是文学作品，文学性是它的首要特性。上个月我应中国作协创研部和鲁迅文学院之邀，在香港作家班上讲散文，题目就是《散文的文学性》。"散文的文学性"就像"文化散文"这个提法一样纯属废话，但我还用它作了题目，原因是现在许多常识都受到了动摇，一切都要从头开始。

因此，"文化散文"首先要合乎文学的要求。文学考验一个写作者对世界的感知力和艺术上的创造力。尤其是散文，无论是在书写什么时间和空间里的人和事，归根结底是作家通过对那些人和事的追忆和缅怀，来书写个人对世界的认识，是通过"他"来书写"我"，所有的客观对象，都将在这种书写中成为自我的"他者"，或者说一面镜子，鉴照着我们自身的存在。所以，文学和世界是互相塑造的，历史文化和写作者的内心也是相互塑造的。没有内心的感应，历史和文化也就变成了僵死的知识卡片，没有了冷热，没有了活力。

我曾经写过许多历史人物，在近年出版的《盛世的疼痛》《故宫的风花雪月》这些书中，就有《袁崇焕与明代绞肉机》《吴三桂的命运过山车》，还有《永和九年的那场醉》《宋徽宗的光荣与耻辱》等。他们朝代不同，处境各异，但这些看似无关的人物，却与我们的命运息息相关，我是通过他们来书写我对我们置身的这个世界的认识，书写我对命运的理解。落笔的时候，我觉得他们的魂就附着在我的身上，感觉到他们的体温、伤痛、脉动。他们是我身体之内，或者身体之外的某一个部分，代表着我曾有过的某种经验，也补充着某些我永远无法亲历的经验。我热爱书写历史，是因为历史无限的宽厚，可以让我的生命与想象力无限地展开。我们每个人的生命都有局限性，但是借助他们，我们可以飞得很远。正是那些从未谋面的人，让我的生命、世界变得更加完整。

所以，在《永和九年的那场醉》中，我写下这样的话："很多年后，我来到会稽山阴之兰亭，迎风坐在那里，一扭身，就看见了王羲之，他笑着，把一支笔递过来。这篇文章，就是用这支笔写成的。"①没有这样的心心相印，没有这番痛彻肺腑的表达，所谓的"文化散文"，就失去了存在的价值。

《人民日报（海外版）》：您认为文化散文发源于何时何人？有没有所传承和借鉴的前辈？

祝勇：中国的散文，从源头上讲就是"文化散文"。假如我们认为先秦诸子的著述是散文，那就没有比它们更"文化"的散文了，因为先秦诸子，本身就是哲学家、思想家，是大文化人。如果我们认为司马迁的《史记》是散文，那么它不仅成为"二十四史"的伟大源头，也是一部伟大的历史散文著作。中国人讲文史哲不分家，就是因为文中有史，史中有文，文史哲互相渗透，纠扯不开。散文这种文体，不文化也不可能。

　　"五四"以后的散文，许多也是"文化散文"，像鲁

---

① 祝勇：《永和九年的那场醉》，见《故宫的风花雪月》，第 33 页，北京：东方出版社，2013 年版。

迅、周作人、林语堂、郑振铎、梁实秋、季羡林、黄裳等，当代"文化散文"写得好的人也不乏其人，比如香港的董桥，台湾的蒋勋，大陆的王充闾，等等。因此，"文化散文"在中国文学史上始终是一条明线，是中国文化传统的一部分，也只有它，是承载中国文化的最恰当的容器。它不是哪个人发明的，也不可能有哪个人终结它。

《人民日报（海外版）》：文化散文发展到今天有什么特点？与过去相比有什么发展？还存在什么不足？请举出一些代表性作家和作品。

祝勇：关于特点，麦家说过一句话，可以概括，他说："所谓的创新，也包含着对旧的事物的重新理解。"像安意如《再见故宫》、邵丹《重门》、南子《西域的美人时代》等这些散文，都写得好，尤其需要注意，这些都是女散文家。在我们印象里，女散文家似乎更关注私人空间，而不大对历史和文化感兴趣。现在，这种性别上的差异越来越不明显了，越来越多的女散文家在写作中表现出对历史文化的兴趣，呈现出深郁的中国特色，当然也有她们自身的气息。

故宫坤宁宫东暖阁，郑欣淼摄

《**人民日报（海外版）**》：文化散文发展前景如何？

祝勇：我对任何前景都既不乐观，也不悲观。假如世界上没有了散文会怎么样，假如我们的文字中缺少了过往文化的照耀又会怎么样，我们一想就知道了，答案也就不说自明了。

原载 2014 年 11 月 25 日《人民日报（海外版）》

采访者：杨鸥

历史学止步的地方，
正是文学开始的地方

——一场关于散文的争论

陈思和：我们在这样一个散文之乡谈散文，是非常有意思的事。老贾开个头吧。

贾平凹：散文吧，我自己也一直爱好，也是几十年不停在写，虽然不是专门写散文。也主办过刊物，当然现在不具体管事了。

在我原先办刊物的时候，是有个想法，小说界的革命较早，革命的力量也特别大。在小说界，你几年不写就无人知道了，旧小说的观念不停在变。你写过几篇有名的散文，几十年后还有人知道你，这证明散文界革命成分太少。当时，我一直在想，散文界也应该来一场革命。来的时候，我也看了今天这个会的题目是"在场主义与中国散文的转型"。其实，散文在这方面，几十年来也一直在转，只是转的成分不是"在场"。

我在《美文》的时候，也提出过"大散文"，大散文的意思就是这个意思。但我觉得，"在场"更有操作性，更具体。大散文当时也是从体裁上和作品境界上两个方面来强调。当然，这还有些大而无当，不好把握。"在场"提出来之后，一个强调散文性，一个强调在场精神，更好操作，更好理解，更好在实际中运用。这个概念，这个口号的提出，对中国散文肯定是有推动作用的，也是一个具有革命性的行动。现在大家对散文的看法，据我观察，基本上都是统一的，也不可能再写那些花花草草的，或者是那些太小的东西。

原来《美文》提出大散文的时候，也有不同的争议。争议最多的，就是关于"抒情"。一谈散文，就是抒情的散文，类似当年杨朔的散文，就是抒情的，特别讲究、特别唯美的散文。当然，那种散文主张，好是好，但那种散文，写的时间长了，就越写路越窄了，越写越矫情了。当时，就是关于"抒情"的争论，这也就是当时我提出"大散文"的原因；还有今天提出"在场主义"，我在获奖感言里也写过这方面的话。

我第一次读《古文观止》的时候，喜欢里面张岱和归有光的作品，里面有两三篇。我读的时候，就感觉文章好得很。后来就想收集他俩的全部作品来读，我就把张岱、归有光的文章找来，很厚的。看了一遍后，发现也就是《古文观止》里的几篇散文特别好。他们一生就写了这几篇散文，当时我很吃惊。我说，为什么这几篇能写得那么好？他们大量的还是诗啊，词啊，谈天说地、乱七八糟的文章。用现在的观点来看，就是不是散文的散文，而真正的抒情散文，就那么两三篇，全部收入《古文观止》里了。老抒情，哪有那么多情要抒，大量的还是人生的、社会的东西，在这基础上，有感情要发了，写上一两篇，就写成了。如果一辈子写散文，还是按原先的那种套路写散文，唯美的，抒情的，把路子越走越窄的那种，也就没什么可写的了。

我接触过许多画家，我单位的那些画家——上班就在那里画。我也问过一些画家："有没有没什么可画的呢？"他说：没什么可画，提起笔来就没感觉了，但这是我的工作，每天还得拿起笔。后来一位老画家讲："常画常不新。"我想，恐怕专写散文，也会常写常不新。他说"事不常才新"。比如，要想好的东西，才能写，才能画。这种观念，老把散文当小品文来写啊，也不是小品文，就是那种散文诗。我平时不主张写散文诗，或者20世纪50年代大家学的那种散文观。我觉得这种路子，估计现在的散文家都不愿意写这种东西了。其实文章怎么写都行，这是我的看法，我的观点。

陈思和： 贾平凹先生是位散文大家，也是小说大家。他的作品也分不太清，什么是小说，什么是散文。我记得老贾最早写的《商州初录》，大家一直在争论，到底是小说还是散文，包括我们评论界，但更多的人愿意看成散文。贾平凹直到今天写的长篇小说，某种意义上来说是散文，是有市场的。他的小说，不是被故事、情节圈住的，完全是有散文性的小说。

陈剑晖： 刚才贾先生说，我们不能按照以往的抒情路子走，我非常赞同。单纯的散文是非常非常多的，是品种和数量最多的一种文体，包括网络上的散文。

我们的散文最关键的，就是要求一种异质化，而不是同质化。如果是同质化，按审美抒情的话，是没有价值的。在场主义的可贵之处、价值之处，就是寻求散文异质的东西，跟别人不同的东西。从这几届评出来的作品看，我们明显看到了这么一种追求和坚持。但我作为参加了 5 届在场主义散文奖评奖的评委，也有一点感触，特别是最近这两届。

我感觉我们在散文性和在场精神方面，似乎把握得有一定偏颇，或者说在场性做得还不够好，还有失重之处。也就是说，这两届的评奖，我们是比较注重精神性、介入性和批判性。

我也非常强调散文的精神性，散文的价值和意义，很大程度上取决于它的精神性。因为散文不像小说，不像戏剧，有很多的情节和矛盾冲突。散文相对来说比较短，所以一定要靠精神来支撑。如果没有精神的支撑，这个散文只能构思一些浅显的东西。但目前来说，是不是强调得太过分了。

散文就是散文，也就是在场主义所提倡的散文性。我就再提倡诗性、散文性和审美性。假如，散文没有审美性或散文性，它就不叫散文。散文如果要展示思想，它比不上哲学；要叙述事实，它比不过历史；要批判，它比不上政论；要讲及时性，它比不上时评。所有的散文，都要有属于自己独特的味道。从这个角度来看，我认为之前评的《倒转"红轮"》和许知远的《时代的稻草人》，是过分地强调了思想性，而忽视了审美性，包括这次阿来先生的《瞻对》。

我对阿来先生是非常尊敬的，他写的《尘埃落定》，是部非常优秀的作品。但《瞻对》好像是有一些议论，可能作品本身还是有些问题。

首先，阿来先生的态度我非常佩服。为了写这部书，他用了两年多时间，跑了十几趟藏区，查阅了七八万字的各种史料，态度的确是非常认真的，令人起敬。而且他还是个成熟的作家，有人气的作家。但我觉得，这部作品可能还是有些问题，有些是不是过分地堆积了资料？资料拥有得太多了，产生了一种知识的崇拜、资料的崇拜。比如说《瞻对》第二章的其中一节，大概有 5000 字，就下级给皇帝的奏折，就有五六次，而皇帝下旨或者命令的，也有五六次。而且，你把这些文献全部展示出来，写在这个作品里面，5000 字里这就可能占两三千字了。这本书里也写了很多的皇帝不高兴或踌躇满志，还有皇帝认为等，你这里是一种第三者的全知的叙述视角，恐怕跟非虚构写作的原则是有些冲突的。非虚构写作讲究原汁原味，往往是从个人的亲历和叙述视角，讲究原原本本地将人和事呈现出来。那么你所写的五六次皇帝想、皇帝很高兴等，从头而来都是从史料中推测的——皇帝是这样的吗？这多少有些违背非虚构写作真实性的原则。另外，《瞻对》里面有很多论文的叙述方法，比如论证某件事情，用了很多所以因为，会削弱散文的审美性。

第二，我觉得《瞻对》的叙述，交代性、说明性的太多了。比如说，写一个人到哪里去，看到的什么景观，叙述太多了。好的非虚构作品，应该把大叙述和小叙述结合起来比较好。过去的报告文学，喜欢大叙述和宏观的叙述，而非虚构写作，更多的是一种个人视觉的叙述。你交代得太多了，而且你讲的故事，7次战争基本上大同小异，叙述都是重复的，从开始到结局，基本上都是相同的。这样的叙述，给人一种比较单调和老套的感觉。当然，你的构思是很大的，想通过陈年旧事的再现，来映照今天的现实，引起一些现代性的反思，或者说对汉藏的关系或民族、国家的问题的一些反思。但这种反思，可能视野的深度还是有一点点问题。

第三，细节太少——《瞻对》经过了你的情感和心灵渗透的具体丰满的细节太少。我最近看了广东人民出版社出的《黑暗时刻：希特勒、大屠杀与纳粹文化》，这种书也同样是跨体写作，非虚构写作，我觉得写得比较成功，它是从人性的角度和人类的高度来反思二战，里面有大量的细节，写得非常深入，非常有艺术感。

总的来说，阿来这部书的构思很大而且很厚重。但是我想，厚重不应该是资料的堆砌，厚重不应该是一般有人文知识的人都读不懂。或者说，厚重不应该跟审美相背驰。如果这样的话，不仅仅是搞批评的，一般的读者也是不会接受的。

我们写散文，包括评散文的时候，要考虑到散文性和审美性怎样更好地统一起来，前几届我们评的如高尔泰的《寻找家园》、夏榆的《黑暗的声音》、筱敏的《成年礼》等作品，就结合得比较好。

陈思和：陈剑晖先生是著名的资深的散文研究专家，他直言不讳地对我们前两届评出的一些作品，提出了质疑和看法。其实，这样的看法和争议，是我们在场主义散文奖自第一届评奖就开始有了。我记得在广东，第一届林贤治拿奖，孙绍振先生就讲，散文以审美为主还是以思想为主？这个可能两位周先生有更深更好的阐述。我们先请教一下阿来先生有没有什么话要说。

阿来：我觉得陈先生没有读懂我那本书。如果说要美感，我觉得是因为我们散文观念的不同。陈先生其中讲到，"你把 7 次战争写得这么一样，这么老套"——这正是这本书的主题。我们说中国历史上在很多事情上没有进步，我之所以要写这 7 次战争，就是因为看到史料之后，200 年时间，不管战争的双方，不管是来自中央集权政府对同一件事情的反应，还是民间对这件事的反应，就是刚刚过了几十年，这个战争又重来一次。你突然发现它确实毫无新意。它的起因，它处置的过程，反应的过程——官民双方反应的过程，最后，两败俱伤之后……就是你感到在 200 年当中，甚至可能在中国的边疆地带，这样的事情不止 200 年，甚至 1000 年、2000 年，都是这样一种模式，在反复地进行。

所以我经常说："老故事又上演了。"其中只有一个变化，就是人物角色的名字：一个省的提督换了，巡抚的名字换了，总兵的名字换了，皇帝的名字换了，喇嘛的名字换了，如此而已，这正是中国历史非常吊诡非常悲剧的方面，这本书要写的东西，就是这样一个东西。至于说要怎么样使用材料，要不要把更多的材料翻译过来，要不要说明，这些都是技术性的问题。或者说，关于散文不同的理解问题，我觉得没什么，但说到重复这一点，需要申明一下，我反倒是认为，如果说将来这本书提供了某种价值，就是刚好在这个地方。

陈思和：这样很好，面对面地进行平等的交流。这种好风气应该出现在我们在场主义散文讨论当中。

祝勇：今天下午本来是想洗耳恭听的，但是剑晖兄抛了一块砖，引出了大家的兴奋点，我也跟着拍砖。关于剑晖兄的话题，有的我同意，有的不太同意，所以我想说说自己的一些看法。

我同意剑晖兄讲的几个统一的问题，那是散文比较理想的状态。在现实的写作中能不能达到，我们先不管。我不同意的是剑晖兄讲的关于散文性的问题。剑晖兄是要挺身而出，坚决捍卫散文性的。他提到：散文在写历史上比不上历史学，在思想性上比不上哲学，在评论方面不如时评。我不知道我的解读是不是准确：散文在触及这些题材时要慎重，因为这个是散文的短板。对于这点我有不同的看法。

首先，我觉得散文可以触及一切题材。它是一个自由的文体，它在触及历史、思想、时下的政评时，跟您刚才讲的这些学科，在角度上是不同的。比如说，我在故宫博物院工作，我身边的同事有无数的历史学家。但是，当我写故宫的时候，跟所有的历史学家写的都不一样，甚至我呈现的是一个之前没有呈现出来的故宫。因为历史学、考古学或者是其他学科，本身的科学性是比较强的，它和文学所要解决的问题是不同的。历史学的基本任务是要求真。比如说，我们眼前放一个杯子，搞历史或者是搞文物的学者们，面对这个杯子时，他就要说出这个杯子是什么年代的，是哪个窑出产的，为这只杯子验明正身；然而，当我面对这个杯子时，我想到的不是这些问题，因为这些问题我不懂。（笑）我想到的是，这个杯子是谁在用，用这个杯子的是什么人，他在杯子的背后有什么样的情感，他生命中有哪些纠葛、尴尬和困惑。我表面上是面对这个杯子，但实际上面对的是杯子背后的那个人。我们都知道，文学是人学——周作人先生在"五四"的时候就提出来了。所以，当我来面对历史的时候，是可以面对的，不存在谈历史比不上历史学家的问题，甚至在某些层面上，文学是可以超越历史学的。因为历史或考古学、鉴定学是只关注于"物"，而文学根本的使命是关注"物"背后的人。历史学止步的地方，正是文学开始的地方。同理，散文里的思想，也与哲学家不同。这一点，韩少功、史铁生的散文表现得都十分明显，我就不展开了。从这一点上，剑晖兄对于散文写作关乎历史、思想、社会等方方面面的忧虑，我认为是多余的。

故宫坤宁宫内西侧四间，郑欣淼摄

第二，关于"美"的问题。剑晖兄讲到美，实际上也是在捍卫散文性，作为散文写作者，我对剑晖兄的捍卫表示敬意。但对于您这个"美"的观念，我个人觉得稍微狭窄了一点儿。比如说，我们在写历史的时候，肯定要用到历史资料。《文学报》有一个对我的访谈，我也是讲到了这一点。历史是一个松散而庞大的存在，每一代写作者在面对历史的时候，他所选择、寻找的史料，以及对史料的连接、对逻辑性的梳理都是不一样的，因此，史料的寻找、使用和连接本身，体现了写作者的价值观，也同样可以构建出文本之美。

剑晖兄强调感性在散文中的地位，对此，我并不否认，然而同时，我认为还有必要去关注另外一种表达方式，有一种散文，语言是克制的，看上去好像是不带个人感情色彩，但实际上，它是把个人感情的价值观深藏在材料背后，对于材料的使用，是带着写作者的逻辑性和思想性的。这样的散文，可以称为冷静的叙述，甚至是零度叙述。这种叙述，从我个人的审美趣味上来看，比那些煽情的作品更有力量。因为历史本身的力量感，往往在煽情的言说中被削减掉了，所以，语言的克制，让材料来说话，反而会使散文的力量感更强。比如舒婷老师这次获奖的散文《灯光转暗，你在何方》，讲到她 20 世纪 80 年代请顾城开诗会，顾城想带妻子谢烨，但诗会经费有限，没让他带成，他看见会上餐餐美味，就忧伤地想到妻子，说她在家里，连炒鸡蛋都吃不上。我是在北岛编的顾城纪念文集《鱼乐：忆顾城》一书里读到这篇散文的，今天上午颁奖会，又朗诵一遍，我听着，眼泪差点掉出来。在这里，舒婷老师的语言十分克制，假如不是零度叙述，估计也只有 10 度、15 度，点到为止，没有过多抒情——或者说，煽情，但语言背后的情感是十分饱满的。这也是一种美，与肤浅的抒情相比，我甚至更加推崇这种美。

这只是散文美的一种，但这已经超越了陈剑晖先生对美的期待。应当说，散文在 30 年中发生了很大变化，我用一句话来概括：散文越来越成为一种综合写作。散文越来越考量一个散文作家的内存，对整个事情把握的能力，无论写的是大题材还是小题材。因此，我对贾平凹先生所提倡的"大散文"理念十分赞同，散文绝不是那一点小抒情。

回顾散文史，我们中国散文经典都是综合写作。综合写作并不是我们现在散文写作的发明，比如，先秦时代，庄子、老子的作品全是综合写作。这种综合写作是散文自身特点决定的。另外，20 世纪西方哲学家很多哲学著作，比如罗兰·巴特、本雅明的著作，与 19 世纪的经典哲学家也不同。他们的哲学越来越碎片化，他们的写作很多可以直接当作散文来读。所以，我觉得这种理性之光，这种冷静的叙事，这种对世界逻辑性的重要建立，本身也是一种美。所以，我们对美的认定，不妨更加开放一些。如果过分强调散文性或语言的美感，那岂不是席慕容也要获得我们在场主义散文奖了？实际上，我们在场主义 6 届的评奖，也暗合了这样一个认定。

孙绍振：今天争论得非常精彩，大家有一点儿探求散文艺术的献身精神。特别是陈剑晖，虽然他的普通话讲得不怎么好，敢于冒犯阿来；阿来也是敢于冒犯陈剑晖，这是真正的散文精神，真正的在场精神。

我们争论的东西很多，有的是在场，有的是散文，有的是美，等等。归根到底，产生散文争论的根本原因，是散文这个文体在世界上不存在，在西方文学史里没有散文。西方有散文诗，有各式各样的散文，但是没有散文的单独条目。周作人当时把它引进来的时候，叫"美文"，"美文"这个文体并不是散文、小说、诗歌、戏剧，乃至于评论。周作人当时为了反抗"桐城派"（桐城派是载道的），就提出了性灵,他用的是300年前已经失败了的公安、性灵派。他强调的是个性解放、释放性灵,定义为叙事、抒情,这样一来,就把整个散文限制在最狭义的"美文"里面。后来被批评了,因为中国的散文诗,并不是晚明的公安、性灵。余光中说过"韩潮澎湃,苏海茫茫",是指韩愈、苏东坡,再往前走还有司马迁的担当,还有孟子的、孔夫子的。按我的说法,《尚书》里的"首长讲话"就是很好的散文。比如,盘庚迁殷那个演讲词,既有威胁也有拉拢:你要跟我走,有问题我负责,出了成绩是你的。东西是新的好,朋友是老的好。这个本身就是很好的散文嘛。散文在周作人的误导之下,变成了只是抒情叙事,后来产生了极端,变成了滥情。以至于小女子散文,放个屁要写1000字,过分地忽略了中国散文非常伟大的、光辉的、丰富的传统。

刚才贾平凹先生说,再写抒情写不出这么多东西来了。我喜欢贾平凹的散文,他就不抒情,不审美,把自己写得很烂,很菜。他说,我的普通话讲得不好,我就不去见领导,不见女人,好像见了就有坏心眼。这种散文在中国也是有传统的,像《史记》立传,像韩愈这样的正统文人也写过《送穷文》,要把穷鬼送走,穷鬼不走,要相依为命。后来有几个人继续写《送穷文》。韩愈这个人很好运,写了《送穷文》后就出名了。我们写散文，周作人有不世之功。他提出了美文、抒情及叙事，颠覆了文以载道，个性解放。所以散文在"五四"第一个10年取得的成就，鲁迅讲比小说、诗歌还大。但是周作人成也萧何，败也萧何，他束缚得太厉害了，最严重的就是杨朔，把每一篇散文都当诗来写，就变成假的了。贾平凹的散文就写得很菜，写得很烂，但是很漂亮，很坦率，很平易近人，很让人感到舒畅。我觉得最惨的一个问题，就是周作人的理论不够用了，我们翻译的康德的审美也不够用了，我们写出来不是美的，而是故意贬低自己，自我调侃，甚至某种所谓的加引号的丑化，它也是一种很漂亮的散文。现在我们来看舒婷的散文。前期是非常幽默的，我们再用审美的"美"的概念去概括它，广义的是可以的。原来古希腊的散文就是感性的，但被日本人翻译成审美以后，我们就以为是抒情的。实际上，如果我们看到贾平凹的散文，看到李敖、余光中的散文，再看到鲁迅本人的散文，经常写得很烂，这就用审美解释不了。其实是我们的理论不够用，所以我就发明了一个概念："审丑"或者"亚审丑"。

　　刚才祝勇提出历史跟文学的关系，他提出的有很多闪光的东西——"理性之光""冷静的叙述"。冷静的叙述就不是抒情的，理性之光就不是感情的。这又要说我们的理论不够用，所以我又发明了一个概念，它不是审美的，也不是审丑的，而是"审智"的。就是说康德的概念不够用了，英国的幽默散文概念不够用了，怎么办呢？我们又有这么多的好东西，我就命名为"审智"。就是说，我们有一种"审智"的散文产生了。你可以看到南帆的散文、祝勇的散文，包括张新颖的散文、王彬彬的散文。他们有的像论文一样，但写得很精准，有很深刻的思想。这种有思想的散文，思想的力度是一般的抒情散文赶不上的。

我们再回过头去看，当年以抒情轰动全国的散文，一直抒情，导致了散文的危机（就是被杨朔害死了）。但如果一直纯粹强调理性之光，一直强调思想，也可能导致另一种散文危机。这就是我为什么批评当时得了 30 万元头等奖的林贤治，像他那样写下去，散文又要危机了。阿来的散文很深厚，但是为什么有人看不懂呢？你水平很高，但文体方面还有改进的余地，毕竟是散文。我是读你的材料丰富我的头脑，但是，你那个文字还是缺乏弹性。

王佐良先生写了一本《英国散文的流变》，里面包括《圣经》《罗马帝国衰亡史》《物种起源》，包括《简·爱》中的风景描写和萧伯纳剧本中的对话。他没有一个散文的文体。正因为没有现成的散文文体,所以我们没有可追随的,不像诗歌,老跟着外国人跑,"浪漫主义""象征主义""现代主义"来了。拼命地跑,跑到"后现代",一直跑到周伦佑的"非非主义"。散文没得追,也没有理论,只有随笔。我们是有随笔的,被周作人搞了半天,把鲁迅打入另册,叫"杂文"。其实鲁迅的散文水平,实际上就是西方的水平,是智性的,不是抒情的。所以,我们的理论混乱,导致了我们今天写文章失去了主心骨。我追求什么?像你追求的,我来归纳,是审智的散文;用审美的"美"去看你,就觉得你这个太浮躁、太狭隘了。但是纯粹用审智来讲,还需要弹性一点儿,要不然的话,就变成历史了,变成文献了。文献价值高于艺术价值,这是我们所不为的。毕竟我们是搞艺术的。

此为第六届在场主义散文奖学术研讨会上的发言

历史影像与历史书写

——与吴群、全勇先先生^①的谈话

祝勇：我们 3 人都对历史感兴趣。我和吴群对清末民初关注更多一点儿，我们曾经一起合作过大型纪录片《辛亥》，我们还希望能够再拍《甲午》；全勇先则更多地关注抗日，特别是伪满洲国这段历史，他写的《悬崖》，虽然是一部电视剧，对史料的研究却非常细致。尽管我们 3 个人关注的重点有所不同，但我们看待历史的方法和对历史的态度还是有很多异曲同工的地方。今天在北京电视台举办北京电视"春燕奖"颁奖典礼，《辛亥》又获了最佳纪录片导演奖，全勇先的《悬崖》获最佳编剧奖，算是殊途同归吧。

我这些年的写作，主要以历史为主，试图寻找历史与文学之间的衔接点。5 月里，我在《文艺报》发表文章说："以我个人的偏见，历史是文学的最大宝库，它藏品丰富，

① 吴群，著名纪录片导演，代表作：《辛亥》；全勇先，著名编剧，代表作：电视连续剧《悬崖》。

丝毫不逊于现实生活。"历史是文学的一个富矿，从前年的《旧宫殿》《血朝廷》《辛亥年》，到最近我在《十月》和《小说界》两本大型文学期刊上的专栏《故宫的风花雪月》《盛世的疼痛》，都是如此。这两个专栏不久也将成书，前者已由牛津大学出版社率先出版海外版了。

吴群是专业的纪录片导演，对我来说，纪录片是写作的延伸。我们的创作态度，就是尽可能恢复历史本身的复杂性。历史和人一样，是一个复杂的整体，很难用一个标准化的结论去界定。我去大学讲学，学生们都很惊讶，说你讲的历史怎么和教科书里的不一样？教科书往往只告诉我们历史的结论，却不给我们得出结论的过程。但是在我看来，过程往往比结论更重要。因为我们每个人都有自己的大脑，都可以根据自己的观察和判断得出自己的结论。如果说历史是一把沙子的话，我们把它攥在手里，大量的细节都从手指缝流失掉了。我们现在所做的工作，就是要把流失掉的这部分给补回来，通过呈现这些细节，再现历史的面貌。

吴群：这是我们共同的创作观。关于历史的结论，我想第一是结论本身并不重要，我们想做的，就是把历史的丰富性展示出来；第二就是有没有结论的问题。其实我们看很多很重要的历史事件，包括很多影响历史进程的事件，当你进入史料，会发现很多不一致甚至是互相冲突的材料，有许多还是具有较高可信度的私人化史料。所以我觉得我们很难得出一个明确的历史结论。比如，袁世凯到底是不是想推翻清室，很多材料是相互冲突的。冯耿光记载，武昌起义后，他去武昌前线，冯国璋抱怨说武昌指日可下，但袁世凯3个小时内连发7封电报制止他攻城，冯国璋脑子直，百思不得其解，后来又继续攻城，果然袁世凯就换了脑子灵的段祺瑞取代冯国璋把控武昌前线，按兵不动。冯耿光当时就认定"袁项城要推翻清室"。但同时也有很多史料表明袁世凯是个坚定的君主立宪派，积极主张要保留清室。有许多人，包括许多留学生、革命党人、海外华人支持他将清室取而代之，做"中国共和国初开幕之第一任大总统"，做"中国华盛顿"，别做"曾国藩第二"，但他极为犹豫，内心非常矛盾，经常严厉斥责这些人，比如他曾经斥责杨度说："余不能为革命党，余子孙亦不愿其为革命党！"有记载说，袁世凯是在孙中山就任临时大总统、君宪之梦彻底破碎之后才同意就任大总统的，那时他其实已经进入了死胡同，别无选择。所以他到底是被逼无奈，还是确有野心呢，很难有结论。至于后来称帝，那就是另外一个问题了。

再比如戊戌变法，慈禧到底是什么态度？当然慈禧一手扼杀了改革，但同时有大量史料表明，慈禧完全不拒绝改革，光绪能够放手干，没有慈禧的暗中支持是不可能的，只是粗暴冒进了，溢出了她划定的范畴。所以怎样评价慈禧对改革的态度？再比如"三一八"惨案，段祺瑞执政府前开枪，鲁迅写了著名的《记念刘和珍君》，段祺瑞又是什么态度？有的材料说是他下令开枪，虽然他当时不在执政府，但是他有明确吩咐；还有人说他就在执政府内，还从窗子偷偷看现场；但又有记载表明，他完全不知情，而且事后在现场长跪不起，并且终生斋戒；还有史料说当时的学生背后有苏俄支持，段祺瑞开枪事出有因……莫衷一是。

历史本身未必会有一个明确的结论，我们把这些信息尽可能多地、不同角度地告诉给大家，但是我们不提供结论。

因此，在《辛亥》这部片子中，我们回避了全知视角。为什么选择让这么多讲述人（演员扮演）来说那段历史？就是要把一个所谓的全知视角碎片化，变成很多当事人或见证人的叙述，从不同的角度进入历史。我们没有全知视角，没有结论，我们也不认可历史理性，要是有一个超验的历史理性，就无法解释 20 世纪那么多荒诞的历史了，历史其实充满偶然，充满可能性。理性是属于历史书写者的。

祝勇：现在大家常看到的纪录片，还是习惯于使用全知视角，高屋建瓴，实际上是结论在先了。结论都有了你还说什么呢？所谓全知视角，就是叙述者已经什么都知道了，了如指掌，然后把这一套来灌输给观众，实际上没有一个人能够对历史了如指掌，不要说是 100 年后的我们，就是当时的人也未必什么都知道。所以这就是我们为什么采取这样的一种叙述策略。

吴群：其实这是一种历史写作的民主化。不搞语言霸权。

全勇先：历史是一个任人打扮的小姑娘，事实上它永远是人们希望看到的样子。比如伪满洲国时期发生过的一个历史事件，当地老百姓讲的是一个版本，看历史记录又是一个版本，而不同的历史记录之间也存在矛盾和冲突。后来我自己多方搜集、整理，把几样历史资料汇总到一起对比着看，得出了自己的结论。以前我们写电视剧，这个人不是好人就是坏人，把人的复杂性给淹没了。

《悬崖》跟以往电视剧不同的地方，就是我们提供了人的复杂性。人在那种特殊年代、特殊状态下，基于人性的表现，每个人的行为都是有一定逻辑性的，但是这个逻辑性不应该超越那个时代。所以我们在创作的时候其实跟纪录片有异曲同工的地方。

作为一个写历史题材电视剧的编剧，我认为人物故事可以是虚构的，但是大到历史背景、社会状态，小到历史细节不应该是虚假的。所有的人和事都要符合那个时代，故事可以是假的，但时代是真的，故事是个体的，时代是大家的。这个不允许你造假、虚构。抗日戏里的主人公留着锅盖头，戴着雷朋眼镜，扛着 AK-47 就是恶搞了。大家知道日本军人里是没有女兵的。但好多抗战电影非得弄出几个不伦不类，穿日本军服，还动不动就爱上了敌人的美女太君，看着就让人恶心了。

祝勇：有一次我和全勇先一起看《悬崖》最后一集，小宋佳演的顾秋妍被抓上来审讯的时候，是由一个女警察押送过来，看到这个镜头，小全当时就说，伪满洲国那时候没有女警察。可见编剧在这方面史料做得的确是非常细致，但影视是集体作业，有时一个人的作用是有限的。无论纪录片还是电影、电视剧，本质上是一样的，都要对历史负责任。

全勇先： 比如我去纪念馆，看到了电熨斗、足球，还有电动缝纫机。这些就能帮你还原当时的生活状态。就像一个考古学家，把历史的碎片组合起来，去想象当时的人过什么样的生活。电熨斗就绝对是一个生活品质的象征，像社会底层，衣不遮体的人是不会用它的。只有爱美、讲整洁和注重仪表的人才会用它。事实上它映射出一种文化。哈尔滨马迭尔宾馆，当年就有净水器。我在哈尔滨还看到一个电影画报，除了印刷质量跟现在不一样，其他的什么样式和人物造型都跟现在一样。

　　相比之下，我们的一些电视剧的史观还是陈旧的，人的复杂性没有，历史观是僵硬的、教条的。这样的叙述显然不负责任。

祝勇： 历史不是扁平的，需要我们像蜻蜓一样，用复眼去看。在纪录片《辛亥》和我的书《辛亥年》中，我都特别写到端方。一方面因为这个人特殊，是一个无比复杂的形象；另一方面是今天的人们对他了解比较少。他跟袁世凯一样，是中国走向近代化的一个非常重要的推手，思想非常开放，他历任湖广、两江、闽浙、直隶总督，利用担任封疆大吏的机会，做了许多实事。他创办了中国历史上最早的现代幼儿园，湖北、湖南、江苏第一个现代公共图书馆，湖南最早的电话事业，江苏境内第一座无线电通信台，南京历史上第一次全城学生运动会，第一次用现代方法测绘江苏版图，他还是中国督抚中第一个提倡全民植树美化城市的人，第一个向国人介绍西方牲口屠宰和肉类食品卫生检验的中国官员，第一位引入西方电影放映机的中国人，近代中国实行公费女子留学的第一人……武昌起义之所以能在武昌发生，并且获得成功，其中一个很重要的条件，就是端方、张之洞在这里打下了坚实的物质和文化基础，这既包括工业的建设，又包括思想的解放、观念的先进。所以孙中山评价张之洞时，说他是"不言革命之大革命家"。

当然，身为清廷大员，他所做的一切，都是为了大清考虑的。但在客观上，正是由于他们的努力，武昌成了一块开放的土壤，资产阶级民主思想迅速传播，为武昌起义创造了基础。保路运动爆发，朝廷无人可用，又用端方来处理保路运动，他不愿意去，就一路拖延，磨磨蹭蹭到了四川资州，这时恰好武昌起义爆发，他带领的又恰好是一支湖北新军，就被新军士兵砍了头。砍下他的头的士兵，都是他从前的部下，所以，他的一生是一个悖论。作为历史的叙述者，我们真的需要深入到他的内心中，了解他的痛苦和纠结，而不是像传统的革命史的叙事那样，把端方当作"镇压辛亥革命的刽子手"，一个彻头彻尾的反革命来看待。但他也是一个对中国近代化转型有贡献的人，我们不能一刀切，不能简单地去看问题。

吴群：这些晚清官员有很大一部分跟我们想象的不一样，我们过去觉得他们很昏庸、颟顸、贪腐，当然有很多是贪腐的，但是确实也有一些精兵强将。除了端方，我们片子中还有一个被寄寓了深切同情的人物——良弼，也是一个军事改革派，但是他不太受重用，后来成为类似于敢死队的宗社党成员，被革命党暗杀。还有载涛、载洵、载振这些人，都是皇几代的富家子弟，他们有很强的要改变清廷命运的雄心壮志。当我看到原始影像资料的时候还是挺惊讶的，我感受特别深的是他们的服装，晚清新军的服装是立体裁剪的，真的很帅很酷。（笑）很现代，带出一种积极向上的精神气质，和过去认识的很不一样。

故宫坤宁宫内洞房沿窗大炕，郑欣淼摄

祝勇： 德式的，武器和教官都是德式的。完全不像我们过去看的电影里，长枪长矛。他们也没有辫子。新军一九零几年就开始剪辫子，是袁世凯坚持要剪，因为不剪辫子无法参加现代战争。搏斗的时候，对手会"抓你的小辫子"，所以必须剪。在"留发不留头，留头不留发"的清代，这样做是需要勇气的，但是袁世凯的新军就这样做了。

吴群： 这其实是托克维尔的一个逻辑——一个专制政权倒塌的时候往往不是它压迫最深重的时候，而是它要改革的时候。所以像端方这些人，其实他们的改革措施是清廷灭亡的一个助推器，这个感受是很深刻的。比如说废科举办新学，其实培养了大量的清廷掘墓人，包括派留学生，这些留学生去了日本，回来之后都要推翻清廷，其实这都是清廷自己派出去的，等于给孙中山派了留学生。操练新军也培养了大量的革命党，无论南北新军，都有大量革命党，南方更多一些。

祝勇： 载沣这个人实际上也是很复杂的。载沣是溥仪的父亲，溥仪 1932 年在东北成立伪满洲国的时候，载沣不去。

1937 年以后，他还是在被日本人占领下的北京待着，死活不去伪满洲国，跟他儿子分道扬镳。还有刚才提到的军谘大臣载涛，也是一个满怀理想的热血青年，清廷被推翻后他就在北京的胡同里摆摊，自食其力也不嫌丢人，因为他行七，所以街坊邻居都说：哎哟，七爷又出来了。我们尽可能地通过这样大量的细节和丰富的史料，特别是影像的史料来还原当时历史的真实。

全勇先：其实，历史就是历史，不管你喜不喜欢，它就摆在那儿。相同的一件事，我们这个年代看是这样，100 年、1000 年后看，就完全可能是另外一个样子。我认为司马迁是中国历史上最有气节的人之一。他知道历史不可以造假，历史不能记录成只有权贵们喜欢的样子。

为什么好多抗战戏那么难看，那么胡编乱造到了令人发指的程度？你认为你那叫娱乐，我不这么看。如果一个国家的娱乐是建立在自己民族曾经的伤痛和耻辱上，那这个娱乐就是低级的，令人生厌的。犹太人永远不会拿奥斯维辛当娱乐，这里面就有一种尊严。历史也是有尊严的，你不尊重它，总是冒犯它，将来它就会把你变成一个小丑。

无论在纪录片里，还是历史剧中，我们为恢复历史的真实感、复杂性做了许多工作，但绝对的真实谁也做不到。我们不给历史做定论，但是我们能够体现自身的创作态度，这种态度是相对客观的、公正的，要站在一定高度上的。它不应该是简单的、粗暴的，没有逻辑和思辨的。虽然是所谓的"零度状态"和"客观叙述"，但你的态度也表现了你的史观。态度是有立场的。你叙述历史的态度，也体现了你的思想深度和你的哲学水平。你是一个应声虫似的文化渣滓，还是一个有高度、有判断、有良知的学者，你一开口就立分高下。

祝勇：首先我们必须认识到，没有一个纯粹客观的历史存在，因为这个历史发生过了，永远不可能重现。没有一个足够大的容器，把历史的每分每秒都容纳进去。所有的记载和记录都是零章断简，而且这个零章断简也还是有错误的。就像我们回忆一件事，不要说100年前，就是上个星期的事可能都讲不清，如果是几个人经历相同的事件，那么他们对这件事的追忆也肯定会有不同。但是另一方面，历史也不是纯主观的，还是有些客观的标准的。所以说历史是在主观和客观之间这样的一个位置上，它有一些客观的标准，这个标准，就是史料。它们就像考古中发现一些瓷器碎片，那些消失的瓷片相当于消失的历史记载，已经无法还原当初的形貌，但是我们仍然能够把这些瓷片黏合在一起，空缺的地方，我们用白色物质黏合，这样我们仍然可以得到它原来大致的模样，当然，它绝对不是原来的那件东西。

除了空缺，还有错误。某些史料本身可能就充满谬误，它们可能是无意的，也可能是有意的。比如说我写回忆录，一定是写我的好事，不写坏事；如果某一事件要由我承担责任，我就说这是吴群的事，跟我没关系。（笑）假如这是我亲笔写的回忆录，100 年后的读者就有可能采信。这种情况怎么办？我认为需要我们这些关心历史的人，能够进行多方面的比照和分析，不能完全采信一面之词，而要把多方面的史料综合起来看，做出自己的分析、判断。因此，历史研究是有主观性的，这个主观性，就是建立在客观材料基础上的分析、判断，它最终体现一个人的史观。

吴群：我补充一点，刚才说的史料有限，主要指的是传统史料，比如典籍这类文字记载。但是要看到，现在的史料越来越多元化，任何材料都可以被当作史料，黏合瓷器的缝隙部分其实越来越小了。在学术上，起码从王国维、梁启超的时代，史料的概念就大大扩展了。王国维的"二重证据法"，梁启超的《中国历史研究法》，都创新了史料的概念。

比如说影像就是一种新的史料，它能提供大量的历史信息。摄影术是1839年诞生的，它几乎与中国的近代化进程相一致。中国最早的照片拍的是谁？是签订《南京条约》的耆英，而且当时是在南京城下英国的军舰上拍的，是英国人送给他的小照。这非常有意思，鸦片战争之后，中国就有影像记录了，影像几乎就是中国必须要面对的全新的、陌生的时代逻辑的一个隐喻。关于摄影，那时有许多有趣的故事，那之后大量的中国影像就成为新的史料。

祝勇：通过影像表达历史的细节，进而表现历史的真实感和复杂性，这是纪录片的一个优势，电影、电视剧不能比。因为展现在观众面前的元素（影像）是真实的，非表演性的，所以更加震撼。一张照片、一个镜头说明了很多问题。为此，我们拍摄《辛亥》的时候，几乎找遍了世界上所有的博物馆、图书馆，我的书里也用了许多真实的历史图像，图文互证。

吴群：苏珊·桑塔格说，相对于绘画，时间的破坏性对于摄影作品反而有益，摄影作品有"脱离原作者的意图"的倾向。的确如此，所有的摄影作品，今天如何被解读，完全不取决于摄影者的本意。这也是我们经常在纪录片中有意拆解、重组照片的原因所在，我们的观察点经常不是照片的主体，也许照片是一张风景人像，我们感兴趣的却是他背后墙上的标语。其实有"脱离原作者意图"倾向的也不仅仅是摄影，所有的图像都具有这个特征。比如清初的《十二美人图》，原来在圆明园深柳读书堂，现在在故宫，画的原本是理想化的江南女子，巫鸿教授却通过画面背景来研究古代关于屏风的观念。许多明杂剧的版画，原本是戏曲情节的插图，现在被许多家具爱好者用来研究明代家具和家居陈设。

祝勇：是汉族装束，未必是江南女子。我即将出版的《故宫的风花雪月》一书里有一篇《如花美眷，似水流年》就是写《十二美人图》，我不同意巫鸿的看法。这个问题复杂，在这里不说。但这些图画，携带着大量的历史信息，非常神秘，这是毋庸置疑的。有兴趣的读者可以关注我的这篇文章和这本书。

吴群： 但无论怎样，对于现在的人来说，这些都是史料。如果把多元化的史料都纳入进来，其实一件事情完全缺乏史料的问题在某种程度上是弱化了。起码近现代史，一个事情完全无法拼贴出来，这种情况已经越来越少。

祝勇： 这是一个很大的变化，很多人没意识到这个变化。比如刚才全勇先说到的电熨斗、电影海报、马迭尔宾馆 20世纪 30 年代的菜单，这些都是史料。甚至一张病历、一个通行证，都可以告诉我们很多历史的信息。我们拍《辛亥》的时候，除了传统的史籍档案，还有刚才提到的影像资料。我们还十分注意搜集其他方面的史料，比如清末的报纸，这些报纸为我们提供了大量的社会新闻，报纸上的广告，也让我们了解了清末的生活状态，比如其中就有电影院的广告，让我们知道清末就有了电影院，知道了电影院演的是什么电影，甚至电影院的硬件设施，广告上都说得清清楚楚。这些材料，是不入传统史学的法眼的。这种研究观念的变化，在我工作的故宫博物院早已发生。比如 20 世纪90 年代，曾在一座宫殿发现溥仪的作业本，就是珍贵的史料。溥仪在作业本上面乱写："姓溥的都该杀。"这样的历史真实，小说家虚构不出来。他为什么写这句话？这句话反映了他怎样的心境？它或许为我们深入他的内心世界提供了一把独特的钥匙。

与史料相对应，文物的观念也在变化，过去的文物大都局限在青铜、玉器、瓷器、书画等范围内，今天看来，这个范围有些狭窄了，至少在故宫，家具、包装品、地毯、盔甲，等等，都已算作文物了，总之所有历史上的材料，都是历史研究的对象。这样的认识，已经在我的书里，也在我们的影视作品里得到了渗透。

谈话时间：2013 年 6 月 29 日下午

原载 2013 年 7 月 13 日《北京晚报》

发表时题为《历史书写：细节比结论更重要》

故宫西六宫宫室常见的隔扇门，郑欣淼摄

让历史回到常识

——答《成都日报》记者问

2011 年，祝勇终于下定决心，在成都买房了。这样，在他异常忙碌地讲学、访问、笔会、写作的间隙里，北京之外，深圳与成都是他时常落脚的地方。后来他干脆把母亲也从沈阳接过来，他到成都的机会就更为频繁。我和他几乎每月都要见面，比会晤本地的朋友还要容易。

祝勇总是在奔走。2012 年年底，在深圳市宣传文化事业发展专项基金的支持下，成立了"祝勇文化创意中心"。祝勇对我讲，这个创意中心是开放的、动态的学术机构，他一边带学生，一边做纪录片，让学生参与到纪录片的创作中来。

作为深圳大学客座教授和硕士生导师，祝勇每年有三分之一的时间常驻深圳，因此会以半个"深圳人"的角度来考虑问题。2013 年"文博会"筹备期间，祝勇把自己在纪录片行业内积累的优秀资源带到文博会，并由此酝酿了"映像中国——优秀纪录片展映周"活动。参加展映的影片有祝勇的《辛亥》《岩中花树》，以及全勇先的《悬崖》、李亚威的《中国有个暑立里》等影视作品。他说，"文博会"能把纪录片作为一个单独的单元，这在全国都有突破意义。纪录片在影视行业是最高端的一个门类，能带领观众进入一个"原来无法进入"的时间和空间，让观众感受生活的本质。与祝勇孜孜以求的非虚构历史写作一样，纪录片最大的魅力就是"真实"，这是任何表演都无法取代的。"每个镜头背后都有我的思考，拍纪录片，其实也是用镜头写书。"

我们每次见面，他总会带来新出版的作品。这次他又带来了新近由东方出版社推出的《祝勇作品系列》20 卷的前几种：《盛世的疼痛：中国历史中的蝴蝶效应》《故宫的风花雪月》《民国的忧伤：民国初年的宪政传奇》《辽宁大历史》以及《十城记》。祝勇说，《十城记》里就专门写到了成都。

写作、拍摄纪录片是祝勇工作和生活的两条主线。祝勇表示，北京、成都和深圳都是能让他待下去的地方，因为都有"书香气"。成都的文化资源阔达而丰富，但近年文学、文化成果不能尽如人意。关键是不能急功近利，搞文化不要总是希望"吹糠见米"，甚至在国内外奖项方面"动大手笔"。这方面，深圳反而沉潜有力，着力培育环境与人才，做出了不少实绩。祝勇说："至今没有任何东西的吸引力可以让我放弃写作，这是我生命存在的方式。而且，我想把这种方式与成都更有血肉地联系起来……"

——《成都日报》记者　蒋蓝

《成都日报》： 读了您的《十城记：中国城市的历史性伤痛》，很感慨。没有一个国家的城市像现今这样急于改变自身的面貌，传统建筑被大量列入清洗名单。随之消失的包括与之相关的一系列文化符号、精神记忆和生活方式。

祝勇： 无论我们从怎样的角度评价这段历史，这都是一个很特殊的事件，从某种意义上，决定着未来的思想方式和行为模式。对它采取漠视的态度，是一件困难的事情，对于有责任感的中国知识分子更是如此。正是这一事实催生了《十城记》的写作，我希望这本书能像一部平实而忧伤的纪录片一样，记录这一痛苦的蜕变过程。"现代化"并不必然导致"全球化"。而"全球化"，应当是一个全球文明的互动过程，是在各种文化传统的参与下共同完成，而并非一个以西方为主导的单极化的过程。将"现代化"的目标转嫁给"全球化",表明了许多地方政府以空间战胜时间的企图。

《成都日报》:请谈谈《十城记》的成书过程。

祝勇:我和美国摄影师 Kimberley Roseberry 为此倾注了极大的热情,并作出了艰苦的努力。本书的采访与写作,都在 2004 年至 2005 年之间进行的。

我们第一阶段的目标,是采访和拍摄大城市,因为大城市的改造步伐无比迅疾,我们有时听到某一历史街区正在拆除的消息,等我们赶到时,已经全部拆完。在完成对本书写到的 8 个城市的采访之后,我们的目标开始向古村落延伸。后来 Kim 回国,我于 2005 年夏天赴美,再于 2007 年接受美国加州大学伯克利分校的邀请进行访学,使后面的采访和写作暂时中断。2008 年,我将书稿交给辽宁出版集团的辽宁教育出版社出版发行,当年售罄。而 Kim 则告诉我,她回美国以后,继续冲洗拍过的照片,发现了大量更具震撼性的照片,没有收入前面的那个版本中。这些都使本书的修订重版变得十分必要了。

《成都日报》： 您在《十城记》里是如何描述成都的？

祝勇： 我完成了长篇考察记《成都：顽强的欢乐》。成都人早就学会了以超然的眼光看待事物，以谦卑的姿态面对时间，以逆来顺受的不变面孔，对付它早已见惯不惊的灾难、痛苦、蹂躏、难以预料的命运和不公。在他们身上，没人能够找到一丝一毫的伤感、傲慢、顾影自怜和惊慌失措。成都人性烈似火，随时可以暴跳如雷，但他们决定摒弃这种并不高雅的本能，平和成为他们更有效的武器。他们用欢乐表明了自己的态度，以及拒绝毁灭的决心。

《成都日报》： 您在书里重点描述了宽窄巷子与大慈寺，为什么选择这两个点位？

祝勇： 那是承载本土历史最"吃力"的部位。老建筑将会很快消失，但欢乐不会。一种有趣的现象发生了——在老房子的废墟里，仍然有麻将桌巍然屹立，宁死不屈。我看到人们依旧在尸首不全的老房子前饮茶，或者靠在躺椅上，若无其事地晒太阳，这一点与其他城市里的钉子户们截然不同。他们脸上没有人在阵地在的悲壮表情，相反，他们抓住最后的机会享受着老宅院的安闲。

欢乐是一种流质，它有着无孔不入的本性，不会放过任何一个可能的时机。并且，欢乐本身具有一种自体繁殖能力。它可以在任何条件下滋生和蔓延，无论是在端庄谨严的寺院，还是他们已被毁灭的昔日家园。

回到常识，为历史祛魅

《成都日报》：晚清史、民国史一直是您近年关注的重点。您的历史叙述都出于一个明确目的——为历史祛除政治的魅，让历史回到常识。

祝勇：回到常识，就是恢复历史本身的复杂性、神秘性和戏剧性，因为杂草丛生的历史，在经过政治的编辑之后，其复杂性、神秘性和戏剧性已经消失殆尽，变得简单和单一，没有意外，没有历史细节之间神秘的联系，眼光被局限了，历史被冻结了，一切都是板上钉钉，斩钉截铁，不可辩驳。

歌德曾经满怀敬意地把历史称为"上帝的神秘作坊"，历史不是脱离思想单独存在的，每个人都有思想的权利，每个人也都有观察历史的视角和言说历史的权利。我的这本《盛世的疼痛：中国历史中的蝴蝶效应》一书正是基于这一认识完成的。

《成都日报》：正是由于我们试图摆脱被"脸谱化"的历史，我们才对历史有了真正的好奇心，而历史本身的戏剧性就自然而然地显露出来了。

祝勇：我的历史叙述是按照两个方向进行的。一个是"大历史"观念。《万历十五年》的作者黄仁宇认为，"大历史"观念是"用长时间远距离视界的条件重新检讨历史"。他说："黑格尔纵论历史，早已奠定了大历史的哲学立场。汤因比分析世界各国文明，以 600 年至 800 年构成一个单元，叙述时注重当中非人力因素所产生的作用，也树立了大历史的典范。"而一个历史的异数，会打乱整个历史的局面，就像一颗棋子的变动，会使所有的变动尾随其后，进而使整个棋盘的局面彻底改变。这是历史的"蝴蝶效应"。对于这些环环相扣的变化，人们常常不以为然，因为这些变化是渐进的，人们几乎觉察不到它的细节。

《成都日报》：《盛世的疼痛》秉承了"大历史"观这一方法进行历史梳理，请您简单介绍一下。

祝勇：从纵向方面，我们可以从商鞅的事业中看到它在"文化大革命"年代的投影；横向方面，我们发现汉朝攻打匈奴的军事行动，竟然使有着花岗岩质地的古罗马帝国变成一地鸡毛——汉武帝"通过卫青、霍去病，有效地阻止了北方野蛮力量的南侵，让这股雪山上倾泻下来的'洪水'更改了河道，冲向欧洲……而灿烂的古罗马文明，连同更早的古希腊文明，则在匈奴铁骑的冲击下烟消云散了"。在福尔摩斯的演绎法中，他"不需要表现出中间的步骤就能得到结论，但是中间的步骤却是存在的"，如果我隐去中间的过程而直接说结论，许多人一定会感到匪夷所思，于是本书就呈现了一整套细致的推理过程。

《成都日报》：您也使用了不少"微观史"的叙述。我去年采访历史学家王迪，谈到了"微观史"的重要性。

祝勇："微观史"对细节格外看重。美国汉学家史景迁、魏斐德和孔飞力对我的影响颇大。比如魏斐德的《洪业——清朝开国史》，是从清朝的边防官员用砍掉老百姓的头颅向朝廷充战利品这一戏剧性的细节开始的；而在史景迁的《王氏之死》中，王氏"穿着软底红棉鞋，躺在被白雪覆盖的林间空地上，越过她的身体，我们才进入真正的乡村世界，走进我们先人的苦难和梦幻之中"。显然，没有《郯城县志》，甚至《聊斋志异》提供的线索，他无法完成《王氏之死》。我在美国时，在魏斐德教授的追思会上，曾与史景迁先生有过短暂交谈。曾有学者把史景迁的历史叙述称为"历史侦探学"，而在我看来，它们更应被归为"微观历史"一类。

重构民国历史

《成都日报》：民国的宪政探索是当下民主实践的一面镜子。您以"新散文"作家的笔力和独立学者的胆识，把民国的历史做了一次彻底的重构。

祝勇：《民国的忧伤：民国初年的宪政传奇》是《辛亥年》的姊妹篇，均为历史非虚构之作。两书的承继关系，是历史本身赋予的，即民国初年建立宪政的各种努力，可以被认为是晚清新政的延续，甚至许多人物都是重合的。尽管随着中华民国的建立，他们对各自的立场进行了调整，比如梁启超这个曾经的君主立宪论者，已经成为民主立宪的代表人物，与杨度（从前的盟友）代表的君主立宪派势不两立，但建立宪政仍然是中华民国未完成的使命。研究这段历史让我清晰理性地知道，清末的积重难返，不会因革命的成功而有所改善。辛亥革命推翻了封建王朝，建立了现代的国家架构，建立了多党政治的平台，却不等于就此建立了现代的民主制度。一个对话的、调和的、服从的机制并没有建立起来。

《成都日报》：您提到，当年出洋考察宪政的清朝官员端方在与罗斯福总统会见后，一语道破了皇帝和总统的区别——"惟以一人治天下，不以天下奉一人！"让人想到清朝皇帝的那句名言："天下大权，惟一人操之，不可旁落。"

祝勇：这也证明了孟德斯鸠在《论法的精神》中的著名判断："一切有权力的人都容易滥用权力，这是万古不易的一条经验。有权力的人们使用权力一直到遇有界限的地方才休止。"这至少证明了革命的限度，即革命不是特效药，它只能把矛盾遮蔽起来。就像中华民国第一任总统就职的时候，那些在几个月前还势不两立、拔刀相向的人，心情复杂地站在同一个队伍里，这使这个新兴的国家至少在视觉上给人愉悦感。但这些深刻的矛盾终究是遮蔽不住的，它们很快就会暴露出来，展开新的厮杀。

《成都日报》：民主的脆弱，赋予革命以正当的理由，这一点，民国与清末如出一辙。20 世纪的中国史便被革命不断推动和翻新，成为"不断革命""继续革命"的历史。

祝勇：中国历史的现代化框架，也被革命书写所置换，革命与否，成为唯一的价值标准。鲁迅在《小杂感》里写："革命，革革命，革革革命，革革……"他以调侃的口吻，表达了对于革命的怀疑。我并非要对革命作出简单的价值判断，只是意在强调革命的目的不是建立新的专制，而是为宪政的展开铺设一个更好的平台。否则，革命就走向了自己的对立面，走向了异化，证实了梁启超在辛亥革命前做出的革命必然导致混乱，而混乱又会被新的专制所终结的判断。

《成都日报》：您曾说这本书"始于迷宫"，请详谈一下。

祝勇：从《辛亥年》到《民国的忧伤》，从晚清到民初，我试图通过自己的写作证明宪政在晚清以来中国历史中的贯穿性意义，尽管这一意义经常性地被革命打断和遮蔽。与革命相比，政治改革更加艰难，需要更大的勇气、更长远的眼光和更细致的操作，以超人的耐心和理性，控制和支配各种不确定性。我们不能设想有一个"纯洁"的时代(所谓的"条件成熟")来安放宪政梦想，因为这样一个"纯洁"的时代是永远不存在的，宪政需要通过打破现实利益的屏障来实现。时代的迷局各有不同，而迷局永远存在。

采访时间：2013 年 9 月 20 日

采访者：蒋蓝

故宫翊坤宫之后殿体和殿内景，郑欣淼摄

我们的所谓"发现"，
都将成为后人的常识
——答《东莞时报》记者问

《东莞时报》：《寻找自己的飞箭》中关于写作您提到一个"飞箭理论"，飞箭要从 A 点到达 B 点，首先要到达这段距离的一半，然而要到达这段距离的一半，必须要到达这一半的一半，依此类推，"一半"会无限地分解下去，以至无穷，飞箭也就永远不可能从 A 点到达 B 点。如何理解写作？如果给写作加个注释的话，您希望它是什么？

祝勇：这段话不是我说的，是古希腊哲学家芝诺说的，我在《祝勇作品》的序言里提到这段话。《祝勇作品》是由海豚出版社出版的，目前已经出版了 3 种，有《大师的伤口》《禁欲时期的爱情》《他乡笔记》。我在总序里写下这段话，是为了强调写作的个人化色彩，也可以说是为我多年的写作作一个总结。我的意思是说，写作不是做数学运算，只有一个标准答案,题目和答案之间的关系是一一对应的,一把钥匙开一把锁。写作不是这样，我在那篇序文里说："文学是作家用自己的目光观察世界的产物，它是一个主观的世界，而不是一个科学的、逻辑的世界，它对世界的解释不是论证式的，因而，它是不能被某一个放之四海皆准的定律统一起来的。"就像芝诺的"飞箭理论"那样。芝诺的"飞箭理论"不是给文学提供准则，但它在无意间合乎了文学的原则——它需要想象力，又那么合理。真正的写作都是个人化的写作，试图使文学写作标准化的努力都是对文学的戕害。所以，真正的写作都是个人化的。不要误解我所说的个人化，我说的个人化，并不是将写作完全收缩到个人空间里去，写个人生活的那点陈芝麻烂谷子，而是指写作方式的个人化。一个作家可以写私密的个人生活，螺蛳壳里做道场，也可以写大历史、大社会，关键是以自己的方式去写。

有作家高呼要做时代的代言人，这是吹牛，一个作家再怎么写，时代在变，不同时代的价值观前后矛盾，你究竟要代表哪个时代呢？一个写作者，最终能够代表的只是他自己，能够把个人的情感和思想表达出来，就已经很不容易了，或许时代的议题会通过他的文字渗透出来，但归根结底是要讲自己的话，而不是为时代的数学题提供一个千人一面的标准答案。

《东莞时报》：《纸天堂》足以改变一个人的历史观，《旧宫殿》也被台湾联合文学官网誉为 2012 年最步步惊心的一部历史小说，还有《血朝廷》《辛亥年》，您的粉丝相当多。历史不好讲，怎么把冷历史讲得好看、让读者爱看？

祝勇：你说得很准确，我喜欢把众所周知的历史翻新重讲，我觉得这事有挑战，有挑战就有刺激。所以我笔下的历史，许多都是"熟题"，甚至中学历史课就学过。我喜欢写"熟题"，有些作家喜欢写"生题"，比如胡平写《中国的眸子》、赵瑜写《寻找巴金的黛莉》，这些人、事，在当时都鲜为人知，这些作品我非常喜欢。但我的作品的价值在于，人们看了以后，会发现自己对那段历史并不了解，自己的知识系统并不牢靠，还有很多的误区、盲区，如同我们的父母，自己觉得没有人比他们更亲近、更熟悉，但有一天，可能由于一件小事的触发，让我们忽然意识到他们是那么的陌生，那么的遥远。当然不是猎奇，我不喜欢猎奇，而是喜欢以全新的历史观对历史进行重新认定，你说《纸天堂》足以改变一个人的历史观，这话过奖，但至少是我的目标。

葛兆光曾说，"当下的处境好像一种'触媒'（accelerant），它会唤醒一部分历史记忆，也一定会压抑一部分历史记忆"，这就跟人的记忆是一样的。人都是选择性记忆，下意识地记住一些东西，遗忘一些东西，而那些遗忘的部分，可能因某一件事而触发、激活。历史是人类的共同记忆，但它同样是选择性的，有选择、有遗漏。历史是怎么样的，取决于回忆、书写历史的那个人是怎么样的，也取决于那个人是在什么样的情境之下，所以才有那句名言："一切历史都是当代史。"这也是我写的历史与读者们以前看到的那些历史大相径庭的原因。

《纸天堂》里写的历史，许多为大家熟悉，比如洪秀全的造反，但现在时代变了，现代性话语已经取代了革命话语，因此我们再看那段历史，眼光不可能不变。在高举革命旗帜的年代里对革命进行反思是根本不可能的，但现在可能了，因为当下中国最迫切的议题不是革命，而是现代化，包括人的现代化、思想的现代化、体制的现代化。

至于怎样让历史好看，叙事是关键。我对叙事十分看重，对学术八股深恶痛绝，我追求叙事的个人化，这可能与我的写作生涯开始于文学有关。

《东莞时报》： 您的写作领域非常开阔，囊括了历史文化散文、"文化大革命"研究、纪录片撰稿等多个领域，还主编过许多文学和学术丛书，其实，我们做很多工作的目的都是为了自我表达，您从事历史学研究这么多年，写了很多，所谓"独立之精神，自由之思想"，那么对于历史，您最想表达的是什么？

祝勇： 有人说我写的作品不是文学，文学不需要那么多的史料；也有人说我写的作品不是史学，史学不需要那么多的情感，总之是"十三不靠"，但我觉得中国很需要这种"十三不靠"的作品。西方有许多汉学家，如我经常提到的美国"汉学三杰"魏斐德、史景迁、孔飞力，他们是史学家，但他们的历史著作像小说一样好看。比如魏斐德的《洪业——清朝开国史》，是从一个明朝官员砍掉老百姓的头颅交给朝廷、冒充敌人的头颅领赏开始的；孔飞力《叫魂》写清朝的一次巫术恐慌，情节跌宕起伏；史景迁的《王氏之死》，从书名上就像一部小说，所以学术界称他是史学界的小说家。文史哲不分家，中国人是鼻祖，《论语》《庄子》，你说是哲学著作，还是文学著作？《诗经》是诗歌总集，但里面记载了历史。清代著名学者章学诚有一句名言："六经皆史"，意思是《诗经》《尚书》《仪礼》《乐经》《周易》《春秋》这 6 部儒家经典，也是经过孔子整理而传授的 6 部先秦古籍，都是历史著作——你看，连《诗经》都成了历史著作。现代的文、史、哲的分科，是自近代以来自西方引进的，但不能将它们割裂啊。眼下的西方学人，都能打通文史哲，我们自己却固步自封起来。文、史、哲，都不是孤立存在的，历史本身就存在于叙事之中。詹京斯说，历史"是一种语言的虚构物，是一种叙事散文体的论述"，文史哲最终还是要归一的，这就是我强调"跨文体写作"或者"综合写作"的原因。你说我把历史讲得好看，我想可能就是因为我是从文学进入历史，由历史回归文学的。

《东莞时报》：您从什么时候开始纪录片的撰稿？从此便一发不可收吗？

祝勇：2005 年，《1405，郑和下西洋》的导演找到我，我就写了《1405，郑和下西洋》。这部纪录片 2005 年在北京人民大会堂举行的"郑和下西洋 600 周年纪念大会"上首映，党和国家领导人黄菊、李长春出席了，后来也得了一些奖，比如香港无线电视台评它为"最具欣赏价值影片"，但我觉得并不满意。但无论怎样，结果还算好，从这时起，中央台、北京台的纪录片重点项目都愿意找我。可能是他们觉得有把握。

接下来，就开始与吴群合作，从《我爱你，中国》《辛亥》一路走下来，纪录片事业就越来越顺利了。《我爱你，中国》透过小人物的命运沉浮，回顾1949年以来的历史，其中有多集讲到20世纪六七十年代那一特殊岁月，没有回避，在电视台播出后，被认为是反映60年代题材最真实的一部纪录片，被评为该年度十佳纪录片，收视率也与电视剧比肩，这在纪录片中是少有的。《辛亥》也是在一个历史节点上播出的，但我们摒弃了描述这场革命的传统写法，改用清朝的视角来观察这场革命，用新的历史观替换旧的历史观，就是我刚才说过的，以现代化史观置换革命史观，使这部作品出了新，也体现了这代人的思考。北京市委宣传部副部长严力强审片后非常兴奋，专门跑到电视台表扬，说这是辛亥百年同类题材影视作品中最好的一部，达到了目前纪录片制作可能达到的最高水平。时任北京市委书记刘淇同志也很喜欢这部纪录片。在今年（2012年）金鹰节上，《辛亥》被评为中国电视金鹰奖优秀纪录片。

除了撰写纪录片，我也开始导演一些纪录片。我参与导演的一部纪录片《房山》已制作完成，讲述北京房山自周口店北京猿人到明清建城,在漫长的历史岁月中的变迁，很快就要在北京电视台播出了。总之这些纪录片与我写的书一样，坚持以个人化视角解读历史。

《东莞时报》：这是一种什么情结？

祝勇：创作纪录片给我的一个最大的感受，就是影像带来的真实力量是文字无法取代的。因此，写书和创作纪录片，对我来说是互补的。比如在《辛亥》这部纪录片中，我们可以看到黄花岗烈士在被枪决前，在墙下站成一排，表情是那么的宁静，如果我以文字的方式表述这种宁静，你一定不会相信，但面对影像，你就不得不信，这就是影像的力量。还有一战胜利后，黎元洪在紫禁城阅兵的活动影像，是我们从国外的图书馆购买的，那段影像让人看到第一次胜利给这个国家带来的希望，也能理解为什么出卖山东权益的《巴黎和约》让国人如此失望和愤怒。所以，在出版《辛亥年》这本书时，我加入了100多幅珍稀的历史图片，图文互证。它们所带来的真实感，会让我们对历史的感受是百感交集，而不是整齐划一的、格式化、标准化的。

《东莞时报》：怎么理解"历史存在于细节中"？

祝勇：有学者提出了一个"微观史学"的概念，我十分赞同。我们过去的历史叙述，过于宏大，更像是一个理论构架，大而无当，大得不接地气，历史飘在空中，很像气球，轻飘飘的，一旦爆炸，就什么也剩不下了。而西方史学界，如我刚才提到的美国"汉学三杰"，更多是从细节出发，层层推演，步步为营，所以他们对历史的叙述非常"真实"，非常抓人。华裔学者中，王笛比较优秀，他写的《茶馆：成都的公共生活和微观世界，1900—1950》，就体现了他历史研究的微观性。他对成都茶馆的研究，像一把尖利的解剖刀，深深地揳进历史的肌体中。我刚才说文史哲不分家，是因为历史研究的背后是思想（哲学），而表达手段，却是文学的，一张照片、一封书信、一个举动、一个细节，有时可能胜过长篇大论。这是细节的力量，也是真实的力量。

因此，我写《辛亥》，是从辛亥年春节前北京城的一系列神秘死亡事件开始的，那是一场鼠疫，死于鼠疫的人，可以追寻具体的姓名和住址。这是历史的细节，却长期被辛亥革命的研究者所忽视，他们不需要这样的细节，但我需要，我的叙事需要，也只有这样的细节，能够体现大清王朝大厦将倾时的那种危机和恐慌。这样的细节不胜枚举，重要的是我们有眼光，看到它们的存在，把它们一一拣拾起来。

历史有多长，我们的路就有多长，每个书写者，都只是沧海一粟，我们的所谓"发现"，都将成为后人的常识。

《东莞时报》：您来过几次东莞？给您什么感觉？东莞的历史沉淀也很深厚，请对东莞的城市历史文化建设提些建议。

祝勇：最早知道东莞，是通过产品广告，比如小家电什么的，知道这里经济很发达，后来来得多了，才意识到东莞的历史文化资源令人刮目相看，可惜宣传远远不够。我想很多人的想法跟我一样。一座城市要发展，只有认识到自身的文化价值，才能把城市的价值最大化。我认为东莞最具标志性的事件，是鸦片战争中的虎门销烟。虎门销烟被写进中学历史教科书，被以浮雕的形式刻在人民英雄纪念碑上，虎门的名声，自然如雷贯耳，然而很少有人知道，虎门是今天东莞市的一个镇，更不知道虎门与鸦片战争的深层联系。只有系统宣传鸦片战争（虎门销烟），才能最大限度地开掘东莞的历史文化价值，将东莞的历史与整个中国乃至世界的历史紧紧联系在一起。

有人可能会认为，鸦片战争（虎门销烟）是旧题，没什么可写的了，而我的兴趣，恰恰是旧题翻新。1959 年，郑君里、岑范共同导演了电影《林则徐》；1997 年，为迎接香港回归，导演谢晋拍摄了电影-《鸦片战争》，都产生了巨大影响，但即使谢晋的电影，距今已有 15 年，观念也已经落后。以往对于鸦片战争的认识，更多是从民族主义的角度去认识，讲抗英斗争的多，而回避了对于历史规律的更加深层次的思考，从而使对鸦片战争的表述显得肤浅。逞匹夫之勇容易，认清历史规律却难而又难，这正是我们这代人需要填补的空白，也是我准备写《鸦片战争》的最终目的。

鸦片战争，是一场由贸易战引发的侵略战争。在这场战争中，中国被迫打开国门，实行沿海开放。而 1979 年开始的改革开放，则是一场主动的开放。东莞既是鸦片战争（虎门销烟）的发生地，又是新时期改革开放的前沿城市，由被动开放、任人宰割，到主动开放、融入全球化体系，观察历史轨迹的变化，理清它的脉络，东莞是一个不可取代的最佳视角。

《东莞时报》：您的博客的英文歌很好听，您业余时光都喜欢做点啥？

祝勇：原来喜欢踢足球，曾经组织一个作家足球队，作家格非，还有电影《英雄》《十面埋伏》的编剧李冯，都是这个队里的队员。奥运那年，北京《新京报》曾有连篇累牍的报道。那时有许多比赛，后来我踢球时跟腱断了，就不踢了，改做其他运动，如打羽毛球等。我在故宫博物院上班，每天下午都和同事在故宫打羽毛球，想起来很奢侈。我在深圳大学做研究生导师，也喜欢和学生们一起去体育馆打球。

原载 2012 年 12 月 2 日《东莞时报》

采访者：吴诗娴

故宫东华门，郑欣淼摄

一个历史书写者的幸福
——答《羊城晚报》记者问

《羊城晚报》：最近出版的《故宫记》中收录了您关于中国古建筑的散文，您在序言中写道："建筑不只是建筑本身，更是大地上生长出的精神植物。"而您写作的对象也不是建筑本身，而是建筑背后承载的人情、历史，这好像是您写作中一以贯之的某种风格？

祝勇：每看到一幢古建筑，我的心里都会升起一种异样的感情。我会想到曾经在里面住过的人，在里面流过的岁月。在我心里，建筑既是时光的容器，也是情感的容器，不论是像故宫这样恢宏壮丽的皇家建筑，还是我们每个人的生活场，都是这样。

我生长在东北沈阳的一幢日式小洋楼里，小小的 3 层楼，住了几户人家，进门后，是窄窄的木制楼梯，我小时候，常在那陡陡的木楼梯上爬来爬去。很多年后回到沈阳，我很想再去看看那座小洋楼，重新踏上木楼梯，遗憾的是，那座小洋楼，连同周围的一片民国建筑，都早已被铲平了，原地盖起一座高楼。我的心里空荡荡的，好像自己的回忆之路都被铲断了，我变成了一个来路不明的人。所以我很理解写过《城南旧事》的林海音不愿意再回北京的那种感受——城墙都被拆了，还回来干什么呢？人们常说建筑是凝固的音乐，这话被说滥了，但我仍然觉得它很准确，因为建筑会煽动起一个人的感情。它不仅仅是物质的，也是精神的，是每个人内心的一部分。有一次与作家宁肯谈西藏，他说布达拉宫像架在高山顶上的一台钢琴，这话一下就触动了我。我觉得没有比这更凝练的表达了。

故宫也是一样，它威严、壮丽，让人望而生畏，但它也是人生活的地方，只不过它的居民是一些特殊的人而已。但无论皇帝嫔妃，还是太监宫女，他们也都是人，会喘气，有情感，所以我写作的一个重要出发点，就是把历史人物当人看。他们在宫殿里经历过一遍遍的春秋，人世的沧桑、国家的兴灭，都被建筑所见证。所以，对建筑的书写与研究，不仅仅是建筑学的事，也是历史学、文学的事，因为建筑的内涵太丰富、太复杂，它牵动历史，牵动情感。

《羊城晚报》："祝勇文化笔记"系列的《再见，老房子》《北京：中轴线上的都城》，您将建筑、空间、历史等凝聚于笔端，不拘一格，这可以称作是您曾提出的"跨文体写作"实践吗？

祝勇： "祝勇文化笔记"是 2005 年出版的，共 8 本，转眼 10 年了，书店里早就没有了。后来我做了许多补充和修订，《再见，老房子》更名为《十城记》，放在东方出版社出版的"祝勇作品系列"里，《北京：中轴线上的都城》改名《皇城北京》，放在海豚出版社"祝勇作品"里，都在 2013 年出版。这些写作，都是"跨文体写作"，不仅需要文学写作的能力，更需要一个综合的知识结构，比如对历史、建筑、民俗、艺术等的了解。它需要一种综合能力，这是这种写作最需要的。

《羊城晚报》：总有人对文人论史有偏见，认为浮华缥缈，缺乏扎实的基本功，靠文采掩盖底子的不够牢靠，您怎么看待这样的声音？

祝勇： 其实文人论史也是需要一定专业性的，需要像历史学家一样，长期沉潜史料，才可能有新的发现。可能是发现新的线索，也可能是从新的角度对旧有的线索进行重新认识，就像在《故宫的风花雪月》中，写了一些故宫收藏的古代书画经典，对于它们，发现新的线索几乎已不可能，我的写作重点，就放在重新阐释上，有许多自己的见解（当然是以文学的方式表达出来），同样会产生悬念。总之，文人写历史，不能外行，也不能人云亦云，必须发出自己的声音，这种声音不是"歪批三国"，专业性是基础。

这种专业性，是最能体现一个作家"综合写作"素养的。我曾经专门写文章，以聚斯金德《香水》、麦家《暗算》为例，谈过"专业性"的问题。有人说，现在学科分工越来越细，早已不是出"百科全书式"的大师的时代了。其实一个文学写作者对某一行业的深入了解，在西方是十分普遍的，熟悉美剧的人都知道《绝命毒师》，它虽只是一部情节剧，但里面表现出的超凡的化学知识，实在令人瞠目结舌。

确实有很多文人写作态度不严谨，认为"天下文章一大抄"，尤其是对历史的书写，不过是史料的堆砌，毫无个人视角，这样的作品，价值为零。党史研究专家杨奎松先生曾说："不讲规矩，不顾深浅，拿激情议论来代替客观扎实的学术研究，把立论建立在种种错抄误读的历史资料和历史真实的基础上，怕是如同把漂亮的建筑建在沙堆上一样，既经不起推敲、验证，也难有任何持久的生命力。""用这种方法写书，实在误己误人误社会。"①这席话，我深以为然。

《羊城晚报》：在《故宫的风花雪月》中，与其说您是在介绍故宫中的艺术品，不如说是在写艺术品背后的人和事、时代和情感。解读故宫所藏书画作品的文章很多，而这种解读方式是您区别于它们的特点吗？

祝勇：书中涉及的艺术品都是经典性的，像王羲之《兰亭序》、顾闳中《韩熙载夜宴图》、张择端《清明上河图》等，我曾说过，"这些艺术珍品不过是我透视历史的一个'视窗'，从那一扇扇精美绝伦的窗子望出去，我看到的是各种历史事件中错综复杂的互动关系，看到个人与时代的纠结，以及复杂的人性。因此，我不只把它当作一部艺术之书，更当作一部历史之书、一部人性之书"。

　　一切历史，归根结底都是人的历史，建筑史、艺术史

① 杨奎松：《怎么会有人这样写历史？》，原载《南方都市报》，2011年8月8日。

都不例外。像我书中写到的王羲之、顾闳中、张择端、宋徽宗、倪瓒、唐寅等，我们今天能够看到的，仅仅是他们的作品，他们留在纸页上的传奇，但它们仅仅是作为他们人生和命运的结果出现的，而他们人生与情感的过程，则隐匿在时光中，我们看不见了。因此，我要用自己的书写，填补这些缺失的部分，当然，要有根据，要从众多的史料和研究中寻找蛛丝马迹。

这本书中，最受关注的是写王羲之那篇，名叫《永和九年的那场醉》，微信转发量达几十万了，但我个人比较喜欢的，是写宋徽宗那篇——《宋徽宗的光荣与耻辱》。因为无论在中国艺术史上，还是政治史上，宋徽宗都是一个极致化的人物。他承载着政治的屈辱，也承载着文化的光荣。过去我们对他的描述太扁平化了，尤其在《水浒传》里，完全是一个反面人物。他的瘦金体，把我们观察历史的目光引向更深处。

《羊城晚报》：2011 年您进入故宫，成为故宫博物院故宫学研究所的一员，故宫学是一门怎样的学问？您的工作主要是什么？

祝勇：故宫学就是以故宫为研究对象的一门学问，这个概念是由我们前任院长郑欣淼先生在 2003 年提出的，但故宫学的研究不是从 2003 年才开始的，早在 1924 年溥仪出宫以后，特别是 1925 年故宫博物院成立以后，北京学术界就开始了对故宫（紫禁城）的研究，其中包括李煜瀛、刘半农、沈尹默、沈兼士、钱玄同、蒋梦麟、陈垣、孟森、容庚、吴瀛、马衡等，后来又出现唐兰、陈万里、徐邦达、罗福颐、孙瀛洲、朱家溍、刘九庵、朱诚如、杨新这些学者，现在故宫博物院我的同事中，像余辉、王素、朱赛虹、张志和、章宏伟等，都是各有成就，我把他们当作老师来看待。所以，郑欣淼先生是在这样的学术基础上提出故宫学这个概念的，他也是故宫学的理论奠基人，写有《故宫与故宫学》一书，我听说他的《故宫学概论》也快出版了。

故宫博大精深，撑得起一门学问。郑欣淼先生把故宫学的研究范围总结为六个方面：一、紫禁城宫殿建筑群；二、文物典藏；三、宫廷历史文化遗存；四、明清档案；五、清宫典籍；六、故宫博物院的历史。[1]我个人感兴趣的是其中的第一、二、六项，即故宫的建筑历史、文物（主

①郑欣淼：《故宫与故宫学》，第 178—190 页，北京：紫禁城出版社，2009 年版。

要是书画），还有故宫博物院的历史（自 1925 年至今）。

《羊城晚报》：从广义上来说，您以故宫为题材的写作，也能够囊括到您的"历史写作"中吗？您曾说"历史是文学的最大宝库"，今天仍然认为如此吗？"文学"和"历史"相结合的书写方式怎样才最恰切？或者说这也是您一直在探寻的？

祝勇：刚才说到，故宫博物院成立 90 年来，出现了许多学术大家，为故宫学的发展奠定坚实基础，但是对故宫文化的表述应该有多种方式，学术只是其中的一种，郑院长也一直在强调故宫学研究要有一个"开放的思维"，主张"需要运用历史学、考古学、文献学、建筑学、文艺学、美学及相关的自然科学的理论和方法"。①

我写了很多年文学，博士专业又是艺术学，我一直在寻找一种属于我自己的表达方式，就是前面说过的"综合写作"，不仅试图打通历史与文学，而且试图打通文字和影像（比如纪录片），我希望这种写作方式是贴合故宫，

---

① 郑欣淼：《故宫与故宫学》，第 213 页，北京：紫禁城出版社，2009 年版。

也贴近读者的。因为读者，还有来故宫参观的游客，故宫对他们来说都是一个神秘的存在，他们渴望了解故宫，了解建筑和文物背后的历史沧桑，却看不懂那些艰深的学术论文。因此，对故宫历史和文化的表述，就需要转换方式，当然，这种转换是以专业性为基础的，不能戏说，因为在我眼里，所有戏说都是胡说。从《胤禛美人图》《韩熙载夜宴图》的应用程序上线，还有我的《故宫的风花雪月》这本书引起的关注来看，这种转换是受到认可的，这种认可首先是对这种转换的认可。

《羊城晚报》：虽然大众对故宫的关注度一直很高，但很多人还是会认为故宫的很多内涵自己不清楚，是否需要更通俗一些的普及工作？故宫文创产品近年来很火，您怎么看故宫文创产品广受欢迎？

祝勇：这正说明了转换表达方式的重要性。说什么是重要的，但有时怎么说更重要，同样的内容，表达方式不同，效果大不一样。中国的博物馆，历来喜欢板着脸，一副教训人的模样，拒人于千里之外，老百姓自然也不会去亲近它。

在普及方面，这两年故宫在单霁翔院长领导下做了很多大胆的尝试，包括《胤禛美人图》《韩熙载夜宴图》的应用程序上线、《皇帝的一天》苹果平板电脑的应用、"微故宫"微博的开设，等等，数字故宫馆也将在端门城楼上建成，让游客在进入故宫以前先感受一番视听的震撼。故宫北院也将兴建，届时，一些在紫禁城里长期得不到展陈的大型文物，像家具、巨幅绘画等，不仅会在那里有公开展示的场地，文物修复的过程也可以被观看，对于游客来说，这可能别具吸引力，而且，故宫北院还可能在夜里开放，让游客的参观有更多的时间选择。

此外，《故宫日历》持续热销，去年甚至出现了拿现金也买不到的情况；包括朝珠耳机、故宫顶戴花翎官帽伞、"朕就是这样汉子"折扇等在内的故宫文创产品销售收入已经超过了门票收入，这一点许多人想不到，连我自己也没想到，这从一个侧面说明了大众对故宫的关注。这些文创产品不是信马由缰，一拍脑袋做出来的，而是建立在对故宫文化内涵的深刻理解上，经历了严谨的创作过程，像以怀素《苦笋帖》为装饰的领带、宋徽宗《瑞鹤图》局部为图案的丝巾，都是如此。

单霁翔院长曾说过，此前推出的"雍正萌萌哒"系列图片，让威严的皇帝比起剪刀手，曾担心被批"亵渎历史"，没想到赢得赞声一片，这让团队有了底气，继续大胆创新，让历史文脉活起来，传统文化逗起来，将故宫文物与故宫文化的知识性和趣味性通过各种载体、各种产品生动地表达出来，传播出去，使之更容易被年轻人接受并喜爱。

《羊城晚报》：在进入故宫博物院之前，您已经有不少围绕故宫而写的作品，进入故宫博物院之后，故宫是否又为您打开了另一扇门，使您看到了更多以前没发现的世界？

祝勇：从内部观察故宫，还是从外部观察，当然是不一样的。和故宫朝夕相处，对我来说，故宫已经成了一个生命体，我能体会到它的呼吸、节律，乃至情感。我的工作地点，在故宫西北角，也就是西北角楼下的一个两进四合院内，那里曾经是紫禁城的城隍庙，"十年浩劫"时破"四旧"，把庙里的城隍像砸了，现在成了故宫研究院的所在地。假如是在春天，我离开研究院时，锁上古旧木门，然后沿着红墙，从英华殿、寿安宫、寿康宫、慈宁花园的西墙外，一路北走，还没走到武英殿和西华门，在慈宁花园和武英殿之间、原来属于内务府的那片空场上，向东望去，就会看见三大殿侧面、金色的战脊上，夕阳的余晖无比明亮。我想很少有人会在这样的时刻、从这样的角度去看三大殿，心里会升起无限的幸福感。假如是在冬天，天黑得早，我下班还是走那条路，却是要穿过黑暗中的宫殿了。若站在相同的位置上看三大殿的侧面，我会看到"庄严的三大殿就如一个纵向排列的舰队，依次沉入暮色的底部"——这是我今年将要出版的《故宫的隐秘角落》序言里写的话。花开花落、燕去燕来，我的生命，和宫殿的寒暑联系在一起，这是一个历史书写者的幸福。阿房宫、未央宫、大明宫都不存在了，所幸，我能守着一个紫禁城，它带给我无限的表达冲动，也给我无限的灵感。我觉得我不只是在研究故宫，在我心里，故宫是一个饱经忧患的生命，我在用自己的心，体会它的心。

《羊城晚报》：进入故宫博物院后，在写作上您有何新计划？

祝勇：刚才说到，我即将出版一本新书，名叫《故宫的隐秘角落》，交给牛津大学出版社率先出版繁体字版，简体字版也将出版，算是对故宫博物院90周年的一种纪念，尽管在这一年中，故宫会举办许多有价值的展览，还有许多学术研讨会，我小小的一本书，微不足道。

进入故宫以来，我先后出版了《故宫的风花雪月》《故宫的隐秘角落》这些关于故宫（紫禁城）的著作，还有《盛世的疼痛》《隔岸的甲午》《民国的忧伤》这些涉及清史、民国史的书，从广义上说，也勉勉强强可以算作故宫学的一部分。

未来 10 年，我还是要好好规划一下，除了继续关注故宫里的艺术藏品，还会详细挖掘故宫博物院自身的历史，因为自 1925 年以来，故宫博物院同样承载了太多的历史沧桑、人事沉浮。尽管皇权时代不再，但是故宫博物院始终处在 20 世纪中国历史的风口浪尖上，20 世纪中国历史的风吹草动，都会在这座深宫里掀起波澜。也可以说，故宫是观察 20 世纪中国历史风云的一个特殊角度、特殊舞台。随着当事人相继过世、老去，如果再不挖掘，这段历史也将湮没无闻。在故宫，也有同事把院史作为学术研究课题，但我仍然坚持我自己的写作方式，提供更多的历史细节，让更多的读者了解那些鲜为人知的历史风云，既生动感人，又有学术文化底蕴。所以，如果说新的写作计划，故宫博物院的历史将占很大比重。再过 10 年，2025 年，故宫博物院将迎来建院100周年,那时我还没有退休。我希望届时,我会完成这个计划,作为给故宫的百岁生日礼物。

《羊城晚报》:您曾经为不少大型纪录片做总撰稿,在接下来的日子里,还会有关于纪录片的工作计划吗?是否会有关于故宫的纪录片出来?

祝勇:今年将有一部26集历史纪录片在央视纪录频道播出,叫《历史的拐点》,其中关于甲午战争的部分,我们专门去了日本搜集史料和进行拍摄。今后我将要写的关于故宫的作品,都会以纪录片的形式表现出来。在这方面,央视给了很大支持。感谢他们,尤其要感谢与我长期合作的导演们。

采访时间:2015年3月11日

原载2015年3月15日《羊城晚报》

发表时题为《祝勇:写故宫,所有戏说都是胡说》

采访者:何晶

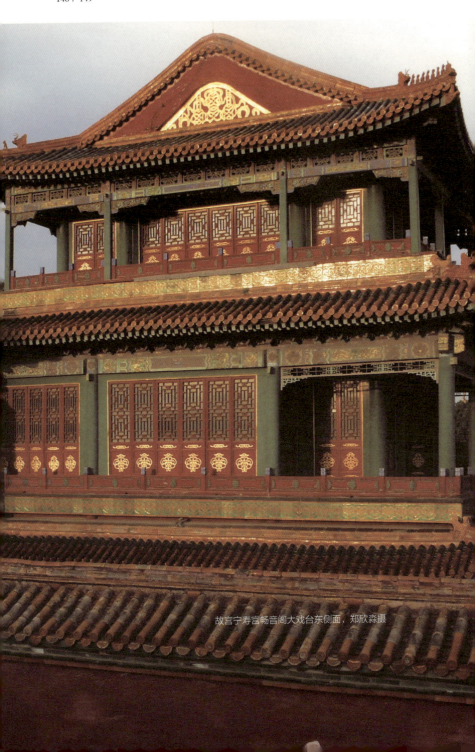

故宫宁寿宫畅音阁大戏台东侧面，郑欣淼摄

每一代人，都是被历史喂养大的

——答《乐山广播电视报》记者问

《乐山广播电视报》：很多人都无法预知，当年那个写作过青春散文的您，会从《旧宫殿》的写作开始，一个猛子扎进故宫，并因此成为故宫的研究人员。印象中，您的身份一直在变化，其中涉及的专业领域也各不相同。能否介绍一下您和故宫的前后渊源？

祝勇：这一点我自己也没有想到。从开始写故宫，到进入故宫工作，看上去像是一种命定，但每个人的命运，都可以找到逻辑性。一个人需要什么样的生活，他所做的每一次努力，都是为他的下一步作了铺垫，这样，在自觉或者不自觉中，他会离他内心的目标越来越近。

我是一个很痴的人，痴于写作，不会计较它给我带来多少得与失、甘与苦，所以，那些写作的日子一点点累积起来，就成了今天的我，我觉得自己很幸运。我身边有些朋友，很聪明，很会算计得失，无利不起早，所以他们每件事情都浅尝辄止，不会坚守着一件事情，守株待兔，因为坚守是要付出代价的，所以虽有小成，却终无大成，我觉得他们很不幸。

我调入故宫博物院工作，得益于故宫领导的赏识，也得益于一个机缘，就是故宫学研究所成立。这个所是在2010年9月26日成立的，第二年我就调进来了。

《乐山广播电视报》：介绍故宫文物，显然需要相当的专业知识。但在某种程度上，"专业"又是"不文学"的另一种说法，它们很难与文学相融，就像您曾在书的前言中所说，"这几乎是要把一份说明书写成诗歌"。那么，在写作的过程中，专业性是否会成为您创造文学性的一种"镣铐"，会在某一个时刻成为写作的阻力？散文文辞的铺张散漫，又是否会影响到所介绍内容的专业性与真实性？

祝勇：我们的某些文学、影视作品，一遇到专业问题就露假，比如一些影视作品会出现诸多医学知识上的硬伤。看见朋友需要输血就大喊："我是 O 型血，是万能血型，快给她输我的血。"实际上，O 型血不是万能血。O 型血的人尽管血细胞表面不存在 A 或 B 抗原物质，但在其血浆中却存有能对抗 A 或 B 抗原的物质，如果输入其他血型患者体内，常常会引起不同程度的输血反应。所以，目前临床对输血的要求是，第一坚持同型输血，第二对有反复输血史，如新生儿溶血症病史或经产妇等情况时，应采用更多的方法鉴定其他血型和做输血前的配血试验，以保证输血安全。这样的专业性错误，在很多影视作品中会出现。

事实上，专业性和文学性相融的例子也是数不胜数，比如雨果的小说里，像《巴黎圣母院》《九三年》《笑面人》等，无不充满了对历史、建筑等学科的专业性知识。

这样的专业性，会让读者和观众肃然起敬，也很容易把他们带入到作家（编剧）设定的情境中，让他们产生很强的"亲历感"。如果在专业性上有瑕疵，就很容易让读者和观众"出戏"。

所以，专业性与文学性不是一对"天敌"，如果在作品中体现出很强的专业性，不但不会给文学性戴上"镣铐"，相反，它会让我们的叙述更强大。马克思说过，他从巴尔扎克的小说中所了解的法国比历史学家笔下所描述的要丰富得多。

《乐山广播电视报》：您书写这些文物的角度，是否在某种程度上代表了您的一些历史观点？在您看来，文学和历史怎样交融，才是最完美的方式？

祝勇： 历史研究重史料，文物研究重器物，但文学写作的基点是人。作为一门科学，或者说学科，历史研究、文物研究更注重真实性，一件事到底是怎样的，一件器物到底是什么年代的，解决了，任务就完成了。至于这件器物跟谁有关，它背后有怎样的沧桑，它们无须负责。只有文学不同，文学关注人的灵魂、人的存在、人的精神。有了人，历史、器物，也都不再仅仅是物质性的存在，而是一种精神性的存在，所有的史料、文物，都指向人。所以，文学为我们观察历史提供了一个历史学或者其他学科不具备的角度。

学术研究只作真实性判断，不作价值判断。但文学写作需要价值判断，它的背后，隐含着写作者对历史的思考与判断。尽管历史的"史料"已经摆在那里，不可能再更改，但不同时代、不同人的感受（也就是历史观）都是不同的，书写者对史料的挖掘、拣选、接连也是不同的，所以，永远不存在一个"相同的历史"。每一代人，都会根据自己的意志去书写（或者说重写）历史；每一代人，也都是被历史喂养大的——他们会根据自己的需要，从历史中汲取新的营养。因此，历史对后人的哺育不是一次性的，它有再生性，随着现实的发展，历史会不断呈现出新的意义。

以文学的方式叙述历史，是把历史学延长了。当然，这种延长，不是随意发挥，如前面所说，文学性的实现，不能以牺牲专业性为前提。作家的主观性不能等同于随意性。我赞同李洁非的看法："我们对历史的还原，大前提是不能逾于'已知'。"[①]在我的历史散文中，纵然有评析，甚至有想象，我都要说明那是我的个人猜想，不在历史叙述中混为一谈，而且尽量克制，不要太铺张。

《乐山广播电视报》：身份的变化，会给您的写作带来怎样的影响？这种写作状态，又是否是您某种写作理念的现实践行？

祝勇：有一些影响。从写作题材上讲，我过去的题材比较游散，有重述历史，有写大地人文，也关注知识分子，我现在人在故宫，写作题材也在向故宫深入，在题材上，比

---

① 《作家写史与现实观照（上）》，原载《文学报》，2015 年 7 月 30 日。

以前更聚焦了。但故宫有很多个层次，比如建筑、书画、器物、历史，也涵盖了知识分子的命运沉浮，辐射性很强，需要一个大的视野，眼光不能局限在红墙以内，所以以前的积累，也是用得上的。但还有不变的东西，我就算穿上马甲还是我自己。我坚持以自己的眼光审视历史，以自己的方式讲述故宫。对于我的方式，故宫是宽容的。我的一些同事，也喜欢我写的作品。

《乐山广播电视报》：在最初出现在文坛上的时候，您是以"新散文"作家群的一员的姿态出现的。经过那么多年，"新散文"已经被广泛接受，散文的写作理念和写作实践也已经日新月异。而"新散文"作家群的许多作家，似乎纷纷在其他领域发展得风生水起。您个人对散文写作的思考是否也已经有了进一步的发展？

祝勇： 20 世纪 90 年代，我们这些散文写作者对散文的创作状态不满，执意去寻找新的散文范式。应当说，经过这么多年的努力，中国的散文写作被刷新了，传统的"散文八股"早已不占主流。在我看来，所谓"新散文"，不是一个文学流派，不是某些固定的人，而是一种散文状态，或者说散文追求，即永远不满足于现成的范式，甚至要打碎现成的范式，去追寻新的可能性。有人说这是在废弃传统，数典忘祖，这就是抬杠了。强调创造性，并不等于否定前人，因为前人的写作，也是当时的创造，但如果把他们的作品当成圭臬，不能越雷池一步，其实也违反前人的本意。前辈创造的纪录，就是让后人超越的。假如我们不能超越自己，我们就会被别人超越。长江后浪推前浪，前浪死在沙滩上。这是文学艺术的规律。我们可能还没跑出 50 米，就被拍在沙滩上了。没有创造性，文学就不可能再成长。艺术的最佳境界，是又古又新，古的是别人的，新的是自己的。

原载 2015 年 5 月 20 日《乐山广播电视报》

采访者：谭莉、熊燕

将孤立的证据联系起来

——答《济南时报》记者问

《济南时报》：《故宫的风花雪月》是故宫所藏经典画作的解读，令人着迷的是，书中既涉及艺术作品本身，更勾连背后的历史人情，并以汪洋恣肆的文笔，在字里行间荡漾出一番别样的艺术和历史的气息。首先想问您，您是如何选择这些艺术作品的？它们身上的哪些特质触发了您的写作？这种写作，寄托了您怎样的情怀？

祝勇：我不知你是否见过江南水乡的碇步，就是在河流中接续放一连串的石礅，人们过河的时候，接连迈过这些石礅就可以了。碇步不是桥，因为上面没有桥板，最多只是桥梁的雏形，或者说是简化的桥。故宫博物院有 180 多万件（套）文物，浩瀚，也杂乱，但每一件文物就是一个桥礅，很真实、很坚硬地存在着，我们常把时间比喻成流水，那么这些文物就是河水中的碇步——时间走，它们不走。它们永远待在原地，待在时间的上游。时间试图销毁历史的一切证据，但只要它们在，历史就消灭不了。那些看似孤立的证据，还组成证据链，环环相扣地讲述着历史的秘密。每当面对这些文物，我都觉得它们是秘密的讲述者，所有我们不知道的历史隐秘，只要向它们打听就行了。历史很远，但文物（包括书画）就像碇步，把我们送到彼岸。那时我们会发现，历史并不遥远，所有的风景都停在原处，历历在目。

《济南时报》：为什么把书名定为"风花雪月"？因为在《韩熙载，最后的晚餐》这样的篇章中，我们分明读到了艺术华袍下恐怖的真相。

祝勇：我写过《旧宫殿》，写宫殿的血腥恐怖，写权力的暴力本质；写过《血朝廷》，写历史人物的尴尬与无奈。有朋友开玩笑，怎么写着写着，突然"风花雪月"起来了？其实"风花雪月"真的应该加上引号，因为在宫殿内部，"风花雪月"永远只是表象。所以，这本书加印的时候，我在腰封的提要上写下这样的文字："风花雪月的背后，永远是刀光剑影、血雨腥风。"

《济南时报》：非虚构写作也包含了一些合理的情感化的想象，您是如何把握史实和想象的分寸的？对这些纷繁复杂的历史，该如何取舍？

祝勇：非虚构写作的一个底线，就是对史实不能虚构。不能虚构，就给写作本身带来难度，而非虚构写作的魅力，正是来自这种难度。所以我经常把历史非虚构写作比喻成历史侦探，写作的过程，就是探秘的过程。我们面对历史、面对一件文物，常常什么线索都没有，一筹莫展，但是，就像我刚才所说，任何一件事物都是有来由的，它不可能在世界上彻底隐身，销声匿迹，只要有足够的耐心，我们一定会发现蛛丝马迹。当我们发现一个线索，另外一个线索就会接踵而至，线索于是越来越多，直到历史的原貌越来越清晰地显露出来。这个过程，跟破案的过程几乎完全一样。在非虚构写作中，这样的过程令我十分痴迷。

历史学本身不是一门枯燥的学问，因为历史本身就带有极强的戏剧性，一件史实与另一件史实之间，有很强的因果关系，只不过这些因果关系被海量的史料湮没掉了，仿佛涨潮的河水，暂时淹过了碇步，让我们的写作寻不到丝毫的立足之地。但仔细辨识路径，还是有迹可循的。非虚构写作就是要从无路的地方寻出路来，让那些散碎、无序的史料还原成一出荡气回肠、丝丝入扣的大戏。一部优秀的非虚构作品正是跨越这些障碍之后完成的，它往往比虚构作品（比如小说）更震撼，因为这一切都是真的。

至于想象，只能限制在细节层面，是对细节的主观性修复，但我在作品中会告诉读者，哪部分是我的主观性修复，不会鱼目混珠。

《济南时报》：您是在故宫工作，因此可以接触到大量的文物和艺术品。您写的这么多的书，以及书中旁征博引的浩瀚气象，都让人好奇：您是如何积累起如此庞大的知识库的？又是如何将它们融会贯通到您的笔端的？

祝勇：我对事物保有很强的好奇心，什么书都看。任何信息都有它的价值，看你用什么样的眼光去看待它。当然，我的主要兴趣还在历史，历史资料十分庞杂，这需要一点点地积累，形成自己的知识库。知道得越多，就越是发现自己知道得太少，这样就会去寻找更多的史料。我刚才说非虚构写作是一个不断发现的过程，阅读也是一样，一个信息里可能包含着十个、百个新的信息，所以我的阅读是链接式的，从一个信息开始，最后不知道链接到哪里去了。

我喜欢在零乱的事实间找到它们的隐秘联系，就像一个老水手，看到的不是江河表面的水流，而是深处的水流。这是一件很刺激，也很有创造性的工作。不能说历史写作不刺激，也没有创造性，当你把一些看似无关的信息连成一条线索时，创造性就出现了，尤其那些信息的差距越大，把它们组合在一起时越刺激。有人说看我的书很神奇，因为他们想不到这些材料之间有关系。历史中充满意外，这让我的阅读和书写也同样充满意外，像破案,或神奇的旅行，最终的结局，往往超出预想。

《济南时报》：《两个故宫的离合》和《谜一样的清明上河图》是以记者的视角对历史事件的来龙去脉进行采访式的客观描述。另外，阎崇年先生也曾出过《大故宫》，您觉得就广义上的故宫而言,您更喜欢哪个？故宫对您来说，是一处什么样的存在？

祝勇：《两个故宫的离合》和《谜一样的清明上河图》的作者野岛刚是我的朋友，是日本《朝日新闻》国际部副部长，上个月我去日本拍摄 26 集历史纪录片《历史的拐点》，就与他在朝日新闻社见了面，也对他进行了采访，因为这部纪录片中有 6 集是《甲午战争》，这部纪录片年内将在央视播出。野岛刚先生和阎崇年先生都是我尊敬的学者，他们都不在故宫博物院工作，却都十分关注故宫，对故宫的研究和宣传作了很大贡献。其实，"故宫"和"故宫博物院"是两个概念。"故宫"的意思是"过去的宫殿"，是后一个朝代对前一个朝代宫殿的称谓，这个词历史上就有，是泛指，也就是历史上曾经有过很多个"故宫"。清朝灭亡后，人们对明清两朝"过去的宫殿"以"故宫"相称，就成了特指了。至于"故宫博物院"，则是在明清两朝宫殿基础上建立的博物院。前者是宫殿，后者是博物院；前者是过去时，后者是现在时。

当然，一般旅游者不必在意这两个词的区别，但对我来说，它们的区别是明显的——"故宫博物院"是我的工作单位，给我发工资，而"故宫"是我研究和叙述的对象，为我的写作提供无穷无尽的资源。

故宫是一座浩瀚之城，也是一座迷失之城。它是一座巨大的迷宫，让人感到迷失。站在这头，望不见那头。这不仅是因为它 72 万平方米的占地面积，相当于法国卢浮宫 4 倍、俄国圣彼得堡冬宫 9 倍、英国白金汉宫 10 倍的建筑面积，更因为它将近 600 年的历史和多达 180 万件（套）的文物收藏。所以我说，站在故宫里，我一眼就看见了自己生命的短促。有生之年，能够抓住它的吉光片羽，我就深感满足了，不能说无负于它，至少能无负于自己。

《济南时报》：现在图书市场上普及性的历史读物很多，易中天也在写通史。您觉得从我们普通读者的角度来说，在现今又遭遇信息爆炸的情况下，该如何选择历史书？在最终无法真正抵达历史现场的情况下，我们又该秉持怎样的历史观？

祝勇：这些年图书市场上有历史热，不失为一件好事，至少表明中国人对历史并不冷漠。但市场上的历史题材书籍却大部分平庸。在我看来，这些历史题材书籍，与其说是写的，不如说是翻译的——不过是把二十四史里的文言翻译成白话而已，这些书大多停留在讲故事的水平上。写作这件事之所以成立，首先是因为作者能够提供自己的视角、见识、史观，写作才有意义，重复前人说过的话，不过是生产文字垃圾而已，但独特的视角、见识、史观，是在长期积累、研究、思考的基础上形成的，不能速成，因此才是珍稀物种，也因此在当下让我佩服的写作者并不多，但不是没有。吴稼祥先生的《公天下》写得好，困扰中国历史数千年的难题，他一一破解，尽管这是一本严肃的学术书，书中有许多图形和数表，但非常好读，引人入胜，能把学术著作写得如此有魅力，全凭作者的功力，我并不认识吴稼祥，这是我公正的判断；扬之水的博学多识也让我望尘莫及，她关于古代名物的著作目前正由人民美术出版社集中出版，已经出来《香识》和《宋代花瓶》两本，接下来还会出《两宋茶事》《物中看画》《中国古代金银首饰》《唐宋家具寻微》等，都好看；历史散文方面，我首推李敬泽《小春秋》，嬉笑玩乐间不失个性、深度和智慧。写得好的还有孟晖《花间十六声》《潘金莲的发型》，南子《西域的美人时代》，张宏杰《大明王朝的七张面孔》，等等。总之这个时代不乏好的历史言说者，这是时代之幸，也是读者之幸。

《济南时报》：《故宫的风花雪月》引起了读者强烈的反响，其中的《永和九年的那场醉》无论是在纸媒还是微信上都有极高转载（转发）率，这本书上周和您的另一部著作《盛世的疼痛》同时登上三联畅销榜，一位作家同时有两部作品上榜，十分少见。请问您的下一部新书会是什么？

祝勇：《故宫的风花雪月》这个专栏去年写了一年，今年我在为《十月》杂志写第二个专栏，栏题叫《故宫的隐秘角落》，估计明年故宫博物院成立90周年时出版，也是放在东方出版社"祝勇作品系列"里。接受你采访前，刚刚写完一篇关于吴三桂和陈圆圆的，是写他们的后半生，写他们的大结局，也非常的复杂、纠结、有戏剧性，充满了意外，当然，也是以现代性的眼光去观照，而不是仅仅讲一个历史的故事。

原载 2014 年 7 月 2 日《济南时报》

发表时题为《祝勇：在故宫当历史"侦探"》

采访者：钱欢青

文学之美

贰

Literary
Beauty

在我看来，文物和人一样，是有生命的，它有情感、有呼吸、有记忆。面对一件文物，我从来不把它当作一件死物，而是与它对话。

新散文写作：经典是用来背叛的

——与张庆国的谈话

散文并非可有可无

张庆国： 我们讨论一下散文，你的散文写作在中国非常引人注目，很有成就，成就不只是体现在数量多，更重要的是，你的散文写作很特殊，有明显的文体意识，叫新散文什么，都行，我们讨论一下你有关散文的思考。

祝勇： 这很好，散文是一个非常值得讨论的话题。

张庆国： 散文写作很重要，可是我编杂志的时候，很多年前就碰到一个问题，我发现，杂志的散文栏目很难编，难编到什么程度？就说它可能是一个完全没意思的东西，一个专栏没意思，问题很严重。我们编辑在讨论的时候，常常觉得，每一期新编的杂志里面，小说还可以，诗歌也不错，唯独散文，不疼不痒，可有可无，甚至说是完全可无。

祝勇：你说得对，散文如果写得不好，那就是可无，没有必要存在了。

张庆国：一些人写的散文没有意思，内容简单、陈旧、没有思想、没有文体意识，深入不下去，两三千字，都是表面文章。但说杂志把散文栏目取消，不可能。散文很重要，不是取消的问题，是要大力提倡，多发好散文。

祝勇：散文呢，它的优点和缺点是同时存在的，优点是人人贴近，读起来贴近读者，写起来呢就像你说的，谁都可以写，感觉没有什么门槛，也是贴近。诗歌写作，多少还有点门槛，它比较凝练，要求作者对意象的跳跃啊，语言的把握啊什么，有训练和思考。小说也有些门槛的，人物、情节、故事，等等，要花功夫研究，不是所有的人都可以写小说，一直在从事文学的人，都不敢说我可以写小说。散文不同，好像谁都可以写。散文给大家的感觉是，写作上没有门槛。所以造成散文的艺术标准模糊，感觉散文是一个没有标准的文体，而且，如果说有标准，那标准是什么呢？也很难说清。

张庆国：你说到根子上了，没有门槛，散文谁都可以写。但散文是非常重要的一个文学样式，看上去没有门槛，要求却更严格，稍不留神，就可能写作失败。

祝勇：诗歌写作，多少可以摸索出个标准，尽管说，艺术不可能有硬性的技术标准，它不像工业产品，或者科学技术产品，要确定艺术的统一标准，不可能。但是起码直觉上，可以大体判断这是不是一首诗，或者这个人写的是不是小说。诗歌呢，你像有些口水诗，大家就觉得不应该是那个样子，它们都大概有一个心理上或者审美上的标准。散文平易近人，人人可为，人人都可以写一点儿，什么事情写成一篇文章，就是散文，于是造成散文艺术标准的流失。

张庆国：看上去没有门槛的活动，其实更难，好比跑步，百米赛，你去试试。

祝勇：我认为要这样来认识散文，首先它是一个文学题材，是文学的一部分，散文的门槛，要在符合文学的要求和标准之内来确认,不是说写个心得体会,一个简单的回忆文章,就是散文了。

张庆国: 写散文,要意识到自己是在进行严肃的文学创作。

祝勇: 这么多年来,我一直按照严格的文学标准来进行散文写作,把散文写作当成一件非常难的事来做。如果有人把散文当作文学的初级产品,是初涉文学时的练笔,就不可能写好。

张庆国: 你把自己的散文写作标准具体解释一下吧。

祝勇: 我的散文写作,包含着一个潜在目标,就是恢复散文的文学地位。因为,你讲的那种情况确实存在,散文几乎没有文学地位了,它就是一个花边文学,在报纸上,或者在刊物里面点缀点缀。就像你说的,不是可有可无,是完全可无。但是,散文,它像其他文学品种一样,必须体现作家的文学水准,体现文学创造力。所以,我写作的一个很重要的目标,就是恢复散文的文学地位,把它当成跟小说、诗歌、戏剧平等的一个文学品种去做,不是说仅仅写一篇文章而已。

张庆国：散文没有表面的花样，非常朴素，不动声色，写好很难。

祝勇：是很难，但你想想，散文已经到了什么程度？有时候聚会，人家介绍说，这是某某作家，别人问你写什么？我说写散文的，人家就有些懵，因为在很多人眼里，写散文那就不叫作家，觉得散文无足轻重，谁都可以写。

张庆国：这是很大的误会。

祝勇：是不对啊，散文作家也是作家啊。但是事出有因，写散文跟写小说比，没有平等的地位，不是散文不好，是写散文的人没有把散文写好。所以，把散文真正写好，就成为我写作的一个很大的出发点，我在自己的作品里很强调散文的文学性，前几天鲁院的香港班，请我去讲散文，我的题目就是"散文的文学性"。

张庆国："散文的文学性"怎么理解？

祝勇：首先要有文体意识，任何文体都是先有一个材料，它对作家来说不是限制，是机会，要把这个材料发挥到最大的限度，那就是文体意识。把散文这种文体的长处，尽力发挥，以取得最大效果。

张庆国：文体意识，是文学的重要价值之一。

祝勇：大部分散文写作者，充其量只是模仿，《背影》啊，《荷塘月色》啊，跟着学学，或者学三毛和港台女作家的散文。实际上，前人的写作，只是提供了一个框子，朱自清也好，三毛也好，他们写作的时候，不会想到自己的文章会成为后来的范本，他们只是按照自己的心性去写。

散文走了一个下行的发展路线

祝勇：可以这样说，散文写作，自"五四"以来，走的是一个下行路线。按道理说，"五四"给我们提供了那么好的一个散文平台，出了那么多散文大家，每个人都不一样，散文的写作应该越走越高。实际不是这样，"五四"以后这 100 年，散文写作出现了下行的发展，成了现在这个收缩的，或者说萎缩的状态。

张庆国：你觉得，"五四"那个时候的散文大家有哪些？

祝勇：散文大家像鲁迅、周作人、胡适，到后来的沈从文、张爱玲，多了。"五四"是个大概念，不是说五四运动，从五四运动开始，到后面民国二三十年代都是一个"大五四"这样一个概念。

张庆国：丰子恺、林语堂、梁实秋，等等，是很多。

祝勇：民国时期创造力勃发，每个作家的写作都跟别人不一样，相互之间不能取代。包括鲁迅兄弟两个，反差那么大。

张庆国：鲁迅直面人生、干预社会，周作人是回到书房、清静无为。

祝勇：我们这么多年的教育，造成亦步亦趋的后果，是下行路线。我有一句话，说出来可能有些绝对，容易引起歧义，我说，所有的经典都是用来背叛的。

张庆国：说得很好。

祝勇：不是说经典作品不好，而是说，我们应当在经典之外，寻找更大的空间，但是，我们对散文这种文体的理解出现了错误。

张庆国：我们对散文的特性就缺乏研究。

祝勇：是的，散文这个领域，应该有重要的文学突破。

张庆国：我有一个观点，我认为散文跟小说相比，不管你第一人称写也好，还是什么，小说永远写的是"他"，他者，第一人称无非就是叙事视角，我爷爷，我奶奶，甚至我自己，写的都不是"我"，是"他"和"他们"。散文相反，散文写父亲母亲、天地自然、城市乡村，永远写的都是"我"，是作家自己，散文就是作家在写自己的内心与思想。

祝勇：说得太好了。

张庆国：所以说，散文特别考验作家本人的整体素养。

祝勇：对对。

张庆国：小说和诗歌，有激情、有一些得当的技巧，可以对付着写了。散文写作，如果作家素养低，思想素养、文化和文学素养、艺术素养这些不够，那么，你这个散文写作，差不多就可以知道，是写不好的了。

祝勇：你这个概括，我觉得特别到位，小说写"他"，散文写"我"，非常准确。小说里头会有"我"的出现，但是小说写"我"，是为写"他"服务的，小说出现这个"我"，是为了写"他"。小说，是为了建构一个客观世界，"他"的外部世界，一个与"我"有距离的相对完整的世界。

散文是写作家自己内在的世界，一个内心世界，不管散文里有没有"我"，实际上都是写"我"。我现在写的，主要是历史题材，我最近写的都是历史人物，包括一些历史物品。我写那些文化载体，实际上，写的都是我自己。每一件东西都是在写我，我通过这些物，来写自己心中的世界，这些物品，渗透了我的情感。

张庆国：寄托了你的思想。

祝勇：我一个散文集里面的第一篇《永和九年的那场醉》，写王羲之，《兰亭序》，看上去写古人和古代事件，其实写的是我自己和当下人生。这个我跟宁肯，《十月》杂志的副主编，交换过意见，我那篇文章是给《十月》的，他说，原来就想象不到，我能把王羲之写成什么文章，他觉得王羲之早就被盖棺论定了。

张庆国：众所周知的事件与人物，没有创造性空间了。

祝勇：已经成为固化的符号。王羲之写的《兰亭序》，那叫千古绝唱，"高大上"，非常了不起。我认为，了不起就了不起，那东西在博物馆里面，跟我有什么关系？要跟我有关，还得重新写一写。所以呢，在那篇文章里，我就比较多地容纳了个人情感，非常丰沛的一种情绪在里面，喜怒哀乐种种。我觉得自己就是王羲之的化身，在那篇文章结尾处，我写到，从王羲之到现在，已经过去了1000多年，我跟他之间相隔了1000多年的时光，很多年后，我来到兰亭，在相同的季节来到兰亭，一扭头看见了王羲之，王羲之呢，就把一支笔递给我，我用这支笔，写了这个文章。

张庆国： 哈哈！

祝勇： 文章出来以后，我的太太读了，她说，根本就无法想象，一篇写书法的文章，能把她给看哭了。也就是说，散文必须通过自我的沉淀，来对人生与世界进行重新认识，外在的东西只是一个材料，通过它来表达自我。反过来，小说也是一个媒介，它的目的是表达客观世界，比如说莫言，他那小说，怎么写，都是客观的外部世界。

散文写作应该坚持文体意识

张庆国： 请把你的散文写作经历介绍一下。

祝勇： 我的散文写作，属于进度比较慢的，说起来时间长了。我 90 年大学毕业，86 级的，大学毕业就写，前面的学生时代在摸索中写，那不叫文章了，叫作文。也陆陆续续发，到 2003 年，写《旧宫殿》那一年，我的文体意识觉醒了。

张庆国： 《旧宫殿》我有印象，是散文？

祝勇： 是一个探索性的文本，写的故宫，我做了些文体探索。我觉得，文学应该有种种尝试，散文应当像先锋小说，或者先锋戏剧那样。为了实现这个探索，我把文章分成几部分，有讲建筑的部分，有讲个人命运的部分。

张庆国： 讲建筑的部分，怎么体现文体探索？

祝勇： 是对建筑的解读，这种解读非常主观和个人化，我不讲建筑学，比如怎么盖房子，建筑结构啊，我做文学的事，文学的事是要做作家的个人化理解和主观性的表达，所以，我做的那个解读，讲的是建筑和人的关系。

张庆国：人的情感和思想出现，文学的意义就出来了。

祝勇：建筑也是一种暴力，有强制性在里面，建筑本身，也是对世界的主观解读。它有自己的解读，我有我的解读。我这个文章的几部分，是打乱了安排，洗牌式的，不是乱得没章法，我采取中轴对称结构，A，B，C，然后再C，B，A结构，跟紫禁城的建筑完全吻合，因为紫禁城是中轴对称的建筑，我就把自己的这个作品，当成一个建筑来架构。在文体上，我是比较用心的。现在回顾，2003年是我写作的一个新阶段，我的写作，可以说是从《旧宫殿》开始的。

张庆国：从《旧宫殿》起，你的写作，就成为中国散文的重要成就了。《旧宫殿》篇幅有多长？发在什么地方？

祝勇：我那篇文章的长度，也是一个特例，那篇散文有8万字，从篇幅上超出了人们对散文的习惯认识，一般的散文也就是几千字，最多万八字。

张庆国：突然来个8万字的散文，编辑不知所措，你说这个事我有同感。早几年，我一篇写高黎贡山的散文，15000字，北京的编辑朋友说，文章不错，但没有发过这样长的散文。散文稍长点，编辑就不知道该不该发表了。长度怎么会成为问题呢？成为问题的应该是好与坏。

祝勇： 那个散文，仅仅在篇幅上，就严重超出编辑的经验，当时我到处找发表的地方，找不到，没有一个杂志的栏目，可以让我发表这样一篇 8 万字的散文。

张庆国： 你给文学杂志出了道难题。

祝勇： 后来张锐锋给我出主意，说你投一下《花城》，《花城》有个栏目叫实验文本，无法归类的文章，可以放进"实验文本"栏目。我就把文章给了《花城》主编田瑛。他一看，说写得不错，就发《花城》头题，2003 年第 5 期发的。

张庆国： 篇幅这么大的一篇实验性散文，影响应该不小。

祝勇： 《旧宫殿》发表后，在散文圈里产生了一定影响，之后，我在散文的文体意识方面开始加强，把恢复散文的文学性想法，努力体现出来，在各个方面，尽可能扩大散文的表现空间，体现创造性，比如词条性质的结构，还有其他各种实验。

张庆国：你写过一篇昆明顺城街的散文，发表在《人民文学》上。

祝勇：那篇文章是这样的，我在《人民文学》开了个专栏，还有一篇是写西安的。

张庆国：哪一年？

祝勇：2005 年，写西安那篇散文，我是用西安地名辞典做的线索，还有的散文，是用家谱做线索，我尽可能从西方现代文学里汲取些营养，增加散文的灵活性，扩大表现空间。从 2003 年起，差不多到 2010 年左右吧，七八年时间，算一个阶段；2010 年以后到现在，算另一个阶段。现在，我不太注重外在形式探索了，注重内在的拓展。

张庆国：请解释一下这个"内在的拓展"。

祝勇： 我有一个提法，就说真正的散文写作，是综合写作，体现散文写作者的综合素养，好的散文，包括好小说，它里面，可以有很多解读空间，非常丰富，不是单层面的东西。

张庆国： 内在意义的拓展，能体现真正的力量。

祝勇： 作家说一件事、讲一个道理，不是让读者看明白就完了。一篇好文章，能让每个读者从不同的口进入，像迷宫，或者像故宫，每个人解读，得到的感受可能不一样。真正好的散文，应该是多层次的，更加深厚，也更加丰富，是一个立体性的作品。这个立体性呢，强调的是内在丰富性。我最近几年的作品，在书店里很难分类，书店不知道属于哪一类。应该放到历史类，还是放到文学类？或者像我手上的这个书，它放到书画类去？似乎不行，又似乎可以。

张庆国： 超出书店的经验啦！

祝勇： 我觉得，这恰恰体现了散文综合写作的特点，什么人都可以看，每个人的感受都不同。过去我们的散文，是单层面的，像冰心的《小橘灯》，包括朱自清的《背影》，学者也好，普通读者也好，初学写作者也好，读这篇文章，得到的感受差不多，单层面的东西，可以分类。我觉得真正的好散文，应该是立体型的文本。

张庆国：好作家就应该这样，时刻想着做出开创性的发现。

中国古代的散文是综合性文本

祝勇：中国散文的历史，就是综合文本发展下来的，不是新鲜的东西。散文表达一个人对世界的基本看法，需要哲学的、历史的各种的沉淀，综合性很重要，中国文化的源头，写作本来就是综合性的。

张庆国：早期的文体文史哲不分，没有界限。

祝勇：它不是发明创作，是跟传统的衔接和再发展，咱们古代的哲学家，老子、孔子、法家的韩非子这些，不像西方的黑格尔，要建立一个庞大体系，一大套，论个什么，密不透风的一套哲学论说。我们古代的写作，是很自由的状态，庄子和孟子的文章，是非常优美的散文，《养生主》呀，《逍遥游》呀，脍炙人口，好散文，同时，也是哲学著作，不分的。《史记》，把它当成历史专著，"二十四史"的起点，也可以对吧？它建立起了中国的史学传统。但也可以把它当散文来看，无数篇章都选入了中学语文课本。

张庆国：《史记》当小说看也可以，它里面的人物列传，很多就是小说，是司马迁根据道听途说写出来的。

祝勇：只要一有对话，就是小说了。它又确实是史学的传统，散文是综合文本，一直到唐宋，这样发展下来。你比如说奏折，还有一些书信，王安石他们写的那些东西，是政治文章，政治论文。《尚书》，文学色彩非常浓。过去，政治、哲学、历史、文学，整个一大套，没有边界，是综合文本，缔造了先秦唐宋那么大的一个散文高峰，这就是中国文化的特点。

西方的 20 世纪哲学，越来越散文化，也是趋势，跟 18、19 世纪的经典哲学不一样了，跟黑格尔不一样了。康德那些东西，一大厚本，20世纪像本雅明、罗兰巴特呀，他们的哲学思想，在书中就一段一段，格言式，很好读的。

张庆国：是的。

祝勇：像那个，画家达利写的东西，新小说家的东西，跟哲学又紧紧扣在一起。西方哲学跟文学艺术，相互交叉，综合性越来越强。所以，散文的综合写作是必然趋势，把它放在这样一个背景下看，就不是单独出来的新东西。

张庆国：大家都熟悉的散文《瓦尔登湖》，就体现了你说的这个特点，它不是标准的散文，怎么开头，怎么结尾，怎么描写，怎么议论，不是那样的。它很冷静和客观，其中一些部分像账单，文献式地记录一下生活内容，就完了。正因为这样，《瓦尔登湖》显出了很大的创造性，内容也丰富。

祝勇：是的。

我编"布老虎散文"，
是为了推动中国的新散文发展

张庆国：前几年你编过一套"布老虎散文"系列丛书，为什么编那个？哪一年开始编"布老虎散文"的？

祝勇：是 2003 年到 2009 年吧。

张庆国："布老虎散文"，看得出来，有新散文的实验性探索，你是怎么想的呢？为什么编那样一个东西？

祝勇：我是有想法。当时是以书带刊，由春风文艺出版社出版，我想推出新的散文观点和新的散文创作成果。我这个散文观念是逐渐形成的，也不能说是我个人的观点，实际上，中国有一批散文创作者，不满足于散文现状，就做出探索，寻找新的出路。

张庆国：散文的状况不好，很多作家都意识到了。

祝勇：散文写作的创造性萎缩，应该改变。实际上有不少人，在不同的城市和地区，已经在做散文的实验性努力了，大家也都不认识，包括昆明的于坚、江苏的庞培，我都不认识，感觉上志趣相投，在刊物上看见彼此的文章，都觉得写得好，有共识吧。

张庆国：于坚我比较了解，他（20 世纪）80 年代写作诗歌时，就有意识地在散文上做出探索。

祝勇：我的这种思考没有功利成分，就觉得，一批在散文写作方面尽力探索的作家，各自为战，分别形成了一定的气候，国内那些散文杂志，包括文学杂志，体现不了散文的这种变化，滞后了。散文的年选，也不过是名人的集合。

张庆国：散文探索已经有成果，但缺少集中展示的平台。

祝勇：对，需要一个像书刊的平台，集中推出中国散文写作新的发展，所以，大概从 2003 年开始，在春风文艺出版社的支持下，我编了那么一个散文专刊。

张庆国：我买过你编的"布老虎散文"。在书店看到，很好，就买下了。

祝勇：现在中国散文写作的基本队伍里，相当一批人，都在"布老虎"杂志上发表过作品，刚才提到的那批作家，都在"布老虎"发过。

张庆国：组稿、阅稿、编辑，你一个人完成？

祝勇：开始全部是我组稿，谁写得好，我大概心里有数，那些作家也愿意在"布老虎"上发表作品。有些口碑以后，不认识的作家也把作品传过来。

张庆国：稿子就越来越多啦。

祝勇：通过"布老虎散文"，聚拢了一批新的散文写作者，这些写作者，从2003年到现在，10年了吧，给中国散文的写作，开拓了很大空间，改变了散文写作的局面，新散文写作已经比较成熟了。

张庆国： 新散文的推动力非常大，为中国文学作出了贡献，新散文这个概念请你解释一下。

祝勇： 我刚才讲，所有经典都是用来背叛的，新散文首先不是在别人的影子后面亦步亦趋，已经成形的那些散文范本，包括语文教科书里面的散文，我都界定为老散文，它体现了另一代人在他们的时代，在那种空间里，所能够创造的一种文体。

张庆国： 现在是另一个时代，散文应该有另外的表现？

祝勇： 是的，时代变化，写作主题也变化了，我们不可能写周作人式的散文，也没有必要写朱自清式的散文，或者写冰心式的散文，就写我们自己的散文。

张庆国： 是的。

祝勇： 新散文是跟我们惯常概念里的那个散文相区别的散

文，应该体现空前的创造力，应该是一种综合性文本，是更加立体、更加丰富、更加深厚的文本。它可能是发展了"五四"散文的传统，这话有点大，不自量力，因为"五四"都是些大师级的人物，但是，实际上我觉得散文的层次和厚度更大了，内部空间更加丰富，不管它外面的壳有多大，内部都已经变得比过去大很多。像格致的那个散文《利刃》，语言很特别，1000 字，非常短小，内部的空间无限丰富。

张庆国：她为什么会有那样的散文才华？奇怪。

祝勇：我觉得每个人，可能都有些天赋的成分，就像萧红。

张庆国：萧红，一上来就令人惊叹，20 岁左右，来自遥远的小地方，也没有什么更深的文学训练是吧？

祝勇：对呀，鲁迅对萧红的评价比萧军还高，觉得她天生就是写作的料。格致也一样，她那个写法，以前没见过。我就说，他们的写作提供了文学史上没有的经验。每个写作者的经验都是他自己的，不可重复。像于坚写的《火车记》《住房记》《开会记》，以前也没见过。

张庆国：还有《绳子记》，很多年前有一次于坚对我说，他现在写的散文，都叫什么"记"，这个什么"记"，是于坚提供的新的文学经验，现在，照着这个"记"去取名的人很多，当时就是于坚的文学发现，非常个人化。

祝勇：每个人都有他的不可取代性，这个格致，她的《利刃》，语言特别得很，就是写到楼下买西瓜，那么点事，很有特色和力量。

张庆国：什么语言？

祝勇：她写下楼买西瓜，卖西瓜的摊主，拿刀那么一切，她觉得不好，又不敢说。那个卖瓜的人光着个膀子，五大三粗，手里拿着一把刀。她觉得自己不是跟卖瓜的人说话，是跟那把刀对话，她就写那一刻的心理。

张庆国：这个感觉确实特殊。

祝勇：一篇小散文，写日常生活，格致所有的散文都写身边小事，但是，内部空间无限大。你可以解读成语言跟权利的关系，解读成暴力，等等。如果仅仅描写一件事，一个小感受，就是老散文，如果在不大的壳子里，装了非常丰富的内容，就是新散文或真正好的文学作品。

张庆国： 有道理。

祝勇： 在一个有限的盒子里，装进无限的内容，是新散文特别大的一个特点。

张庆国： 你让我想起一个朋友，也拍纪录片，他写一篇文章，也是记录拍的一个片子，写得很好。这个现象说明，文学写作，困在老式的模子中，常常不可自拔，相反跟文学无关的人，一上手就出新。把已经成形的套路忘掉，才能创新。

祝勇： 是的，新散文是开放性的，文体上、题材上、格式上，都有开放性，随便怎么折腾都行。"布老虎散文"应该像自由市场，真正写得好的人，都可以进来，像格致他们，原来都不是圈里的人。一个熙熙攘攘的状态，才能给散文带来活水，相互激发，这个不行那个不行，散文会越做越小，穷途末路。

张庆国：你那本书《纸上的叛乱》，你说是对某些质疑的回答，是怎么回事？

祝勇：就是不断有人对新散文写作者，对个人也好，整体也好，不断地攻击。

张庆国：有些什么观点？

祝勇：主要是说，写新散文标新立异，打倒别人，抬高自己。他们这样说，有些荒谬。题材开拓是正常的吧？散文的题材是无限的，有什么错？你像写买西瓜，原来，在正八股里，这种散文不是一个写作题材对吧？做一件好事，是好的写作题材，帮张大爷扫院子和担水，是写作题材。买个西瓜，也没说什么事，算什么题材？怎么就是题材开拓了？有些批评者认为，新散文什么都写，厕所也写、月经也写、暴力血腥也写，什么丑陋的事都写，乱写。他们这样说，我觉得才是错的。他们批评新散文，其实，没有认认真真地研究新散文，就是泼些脏水了事。

张庆国：现在有些评论，那叫不阅读的评论。

祝勇：你要批评可以，把作品找来，老老实实读一遍，可是没有人那样做，就是人云亦云，听说谁写了什么，就批评，其实他批评的那些，未必跟新散文有什么关系。另外，我又觉得，没有什么是不可以写的，关键不在写不写，在于写得好不好。

张庆国：什么叫脏？写错了才脏，写得对，任何脏的题材，都有美。前段时间，我读美国作家菲力浦·罗斯的作品《遗产》，这部书是菲力浦·罗斯唯一的非虚构作品。他写父亲去世前两年的事，有一段写父亲太老，大便失禁，他跟在父亲身后，整天清理满屋的大便，写得非常温暖。父亲自尊心强，大便失禁，要自己处理，一个人躲在卫生间折腾，结果弄得更糟。

祝勇：哦不错，这样写真是很好。

张庆国：他就写的是屎，他说，父亲留给儿子的就是这些

屎，这就是遗产，我是他的儿子，就该做这些，必须做，遗产就是父亲浑身的大便。很有力量的文字啊，非常强悍。

祝勇： 所以说，攻击什么都可以，那种割断式的，断章取义的，不行，要进入文本，认真分析，做严肃的文学批评。

张庆国： 现在，情况应该好多了。

祝勇： 现在也还有，尽管有些人口头承认，说新散文这批人的创作成果不容忽视，书面上，写文章还是不承认这个。

张庆国： 现在，我觉得有些杂志，比如像河南的《散文选刊》，发的散文很不错，新散文作家他们很推崇的。我们《滇池》文学杂志，在中国新散文的写作上，也发了不少好作品。我们有个栏目叫"自然散文"，专发写自然的长散文，一篇就一两万字，很纯粹。我20世纪90年代就提倡散文创新，只是我自己写小说，散文写得少。

祝勇： 《散文选刊》最近两年办得有点好。

张庆国：《散文选刊》有一篇散文，我给作者讲课时推荐过，那个作家不出名，我不熟悉，新疆的，叫小七还是什么。他写一个牧民早上起来，整个一天，就找丢失的一只羊，这个蒙古包问一下，我的羊你看见没有？那个蒙古包问一下，我的羊你看见没有？找了一天没找到，很沮丧地回来。快到家时，看到老婆在自家的蒙古包前等着，黄昏的太阳从后面照过来，老婆身边有一只羊，就是他要找的那只，完了。散文写出了焦急和沮丧，写出了人生之美，非常孜孜以求的温暖人生。你如果写捡到别人丢失的一只羊，到处去问，谁丢失的呀，也可以，但变成好人好事，差远了。

祝勇：哈哈！是的是的。

张庆国：人就这样，辛苦，斤斤计较，快乐和忙碌，对吧？很真实和深刻。

祝勇：对，挺好。

大象无形，散文是更高级的文本

张庆国：你后来去美国读历史，是怎么回事？

祝勇：是这样，美国加州大学伯克利分校综合研究中心，邀请我去做历史研究，研究中国历史。

张庆国：你还什么都研究一下。

祝勇：那倒不是，就是综合写作嘛，散文这个圈，不能由把持散文的人来掌握，有很多外延的开放性空间，不能说我选择散文，就整天看散文，实际上，我近十几年，散文的书看得越来越少，现在，我书架上的书几乎没有散文了。

张庆国：你都读些什么？

祝勇：社科，历史、文献，什么都有。它不会妨碍我把散文写好，对某个具体的人来说，也是综合素养的提高，我去美国，就在中文研究中心研究历史。

张庆国：我没有使用国外图书馆的经历，但从书本上知道，有个美国作家，去图书馆说要研究一个课题，请图书馆提供书单，人家就给出长长的一个建议书单，是这样吗？

祝勇：是啊，是这样的。

张庆国：真羡慕。

祝勇：美国大学里有很多图书馆，有校图书馆，还有各个学院自己的图书馆。伯克利大学的中国研究中心，也有自己的图书馆。我用起来，就跟在自己的办公室楼里一样，非常方便。我第一次去图书馆，工作人员看见来了个生人，主动上来问我是干什么的。我说是中国研究中心的，研究中国历史，他就主动介绍，告诉我这里有什么什么，很快，我就把整个图书馆的东西掌握了，可以随便看。

张庆国：不错。

祝勇：图书馆全部开架，就跟在自己家的书房一样，你要看这个，看那个，扫一下条码就可以拿走，如果这本书另外有人要看，图书馆工作人员会给你打电话，问你什么时间看完，让后面那个人跟你商量，非常人性化。离开图书馆，工作人员还说，我们这些资料，会给你找齐，你在这里固定一个座位，我们把找到的资料放在桌子上，你的电脑呀、书呀，笔记本什么，都不必拿走，可以放在这里，没有人会动你的东西。

张庆国：固定一个座位给你？

祝勇：是的，固定留了一个座位给我。以后，我就坐在这个地方，他们把找到的资料放在那里，我什么时候来，就翻了看，觉得不需要，还给他们，他们放回去，毫无怨言。

张庆国：有这样的服务，文化的发展就快了很多。

祝勇：是的。

张庆国：你那段时间有多长？

祝勇：两年多，后来，学校还想给我续聘，我想走，所以 2007 年就回国了。表面上这跟散文没什么关系，但是，我觉得这段经历，让一个人的内存变得更加庞大了。

张庆国：内存变大，这个说法好。你回来写了一批历史方面的散文，肯定跟这段在美国的历史研究有关系了。你写历史散文是怎么想的？

祝勇：历史这一块，不能界定为什么写法，就算非虚构的一个大类吧，说是散文也可以，说是非虚构也可以，也就是辛亥呀，革命呀，晚清呀这些。

张庆国：非虚构也就是散文，用词不一样罢了。

祝勇：实际上，非虚构，当时也就是想到一个词，拿来先用着就是。

张庆国： 非虚构是一句废话，文学，肯定是虚构和非虚构两类，为什么出现非虚构这个说法？因为不喜欢散文这个概念，说到散文，给人的感觉就是没意思。

祝勇： 对，没意思。

张庆国： 所以不说散文，说非虚构。

祝勇： 其实我们新散文，也是想回避散文这个提法。

张庆国： 新散文还是散文，一样的，但是，不好的散文写作、陈旧的散文写法，把散文这个词搞烂掉了。

祝勇： 对，散文这个词烂掉了，所以提出新散文，新散文也是个散文，但它是更加本质化的散文，是拨乱反正的散文。非虚构呢，姑妄言之吧，没有一个准确名称来定义这个，我也觉得，非虚构就是散文。

张庆国： 写好就是了，管它叫什么概念。

祝勇：对，质才是最主要的。

张庆国：接着讲你那个历史散文的写作。

祝勇：历史散文，我很感兴趣，我的写法，跟所有人不一样，在不同的时代之间跳进跳出，故宫的同事，看了我写故宫的书，都觉得特别神奇。

张庆国：不容易啊，故宫的同事，都是专家。

祝勇：他们感到特别神奇的是，把很多没关系的事情写到了一起，跳进跳出。另外，主观的成分比较大，呈现立体面貌，这种更丰富的层次和空间，算一个写作特点。比如说写辛亥，三联出版的那部非虚构，20 万字的《辛亥年》。

张庆国："辛亥"拍了个纪录片是吧？

祝勇：是拍了一个纪录片，纪录片跟书一样，只不过它用镜头，书是用文字，2011 年，辛亥百年的时候播过，奖也都获过了。我没有说是在某个立场写，某个政治立场上写，比如说站在孙中山这个革命党或资产阶级革命的立场去写。

张庆国：那样写显得窄，比如革命党的观点，不行。站在作家的立场，用今天的作家眼光和思想，自己的文字表达去写，宽广得多，会写得好。

祝勇：清朝，做了很多改良，政治实验，当时的政治实验，是我们今天无法想象的，那种政治实验就是新政，所谓的新政做了很多努力，试图用他们的方法来挽救那个王朝，所以，我对清朝这些人寄寓了某种程度的同情，对他们做过的一些事，也有某种肯定，中国的近代化过程，比如法制建设，清朝做了很多努力。

张庆国：对，清朝推行新政，开始制定宪法了。

祝勇：宪法之外，像公司法、新闻出版法等，方方面面的法律都制定出台了，还允许民间办报了，孙中山推翻清朝以后，民国初年的法制，基本上都用的清朝这个法制。

张庆国：这里的是是非非，很复杂。

祝勇：所以，清末的法律，绝对不是我们印象里的大清律。

张庆国：实际上，中国历史应该怎么走，也该重新反思的。

祝勇：历史不能假设吧，当时就是朝君主立宪这个方向走，但是晚了一步，立宪和革命，实际上进行了一场竞赛，这个跑在后面，那个跑在前面了。有很多复杂原因，一句两句说不清楚。这个作品是多层次的，不是简单的，我们现在写历史，写散文，不是简单的一元化判断。一元化体制下的那种散文，或者非虚构，属于过去那一代人，是另一个时代的作品。我们跟他们有根本的不同，我们也不是站在什么对立面，是站在另外一个角度，进行今天的散文写作。

张庆国：不是简单地反对什么。

祝勇：对，简单地反对体制什么的，我很讨厌，我也讨厌这个。

张庆国：各人有各人的时代。

祝勇：历史像每个人一样，非常复杂，去年北戴河，中国作协李敬泽召集，开了一个散文研讨会，我就讲到复杂性这个问题，敬泽也讲，这么多年的散文发展，几十年了，没有完成经典化。

张庆国：敬泽说得对。

祝勇：散文没有完成经典化过程，小说完成了，格非、毕飞宇，说起来，大家都认为是成功的小说家，更早的韩少功、王安忆那一批，莫言那一批小说家，就不用说了。但是，散文作家没有完成经典化，这说明，散文，到现在的认识，还是糊涂的。

张庆国：诗歌你觉得完成了经典化吗？

祝勇：诗歌肯定完成了，最近一二十年的诗歌，我不是特别熟悉，但是诗歌，像欧阳江河，等等，我觉得他们的地位已经颠扑不破，很稳固了，新的诗人我不太了解。散文呢，敬泽也讲到，没有完成经典化。回到刚才文本的复杂性这个问题，我就说世界是复杂的，新散文跟老散文的最大区别，是新散文使用复眼观察世界，复眼看得眼花缭乱，更复杂，也更真实，你用一只眼睛看到的世界，永远不真实。

张庆国：对。

祝勇：我们把一只眼睛捂上，用单独的一只眼睛去看，定位都定不住是吧？

张庆国：这个比喻很好。

祝勇：世界是复杂的，每一个人是复杂的，我们做的事也很复杂，政治是这样，辛亥革命是这样，就像你说的，是应该革命还是应该立宪？应该走哪条路？这个我们没法得出结论，我们自己的个人生活也是这样。辞职还是不辞职？跟领导翻脸还是不翻脸？永远没有结论，不可能有一个是或非的问题。这就是世界的复杂性。我们的文本呈现出复杂的空间，才能更加真实地反映世界。单极化的简单文本，一句话就给你推翻了，没有用，白写了对吧？更高级的文本，是在有限的空间里辗转腾挪，展现复杂世界。

张庆国： 你书上提到美国一个历史学家，史景迁，他的书我有，这个史景迁的写作你怎么看？他写的就是历史散文。

祝勇： 史景迁的作品很难界定。其实，我觉得真正好的作品，就是很难界定，边缘不清晰。史景迁写历史，他是耶鲁大学的历史教授，美国的著名汉学家，被称为美国汉学的三杰之一。但他不是学究式或学院派的写法，美国历史学界不承认他，他被承认的东西，又没几个人看。他的作品，我觉得文学性特别强，是史学跟文学嫁接的产物。首先，他取材就是文学的取材，他对题材的判断是文学的判断。比如你说的那个找羊的写法，从学者的角度来看没任何价值，从文学的角度看，价值很大。

张庆国： 你找羊，还没找到，有什么意思？其实意义很大。

祝勇： 史景迁用文学眼光做历史，类似那种找羊。他写了一本书叫《王氏之死》。王氏是山东人，史景迁从县志里找到的，清代的山东郯城县志里有一个案子，涉及王氏，王氏连名字都没有，史景迁从王氏这个案子出发，从一个小人物出发，剖析清代的社会和政治。

张庆国：《王氏之死》我没看过，但知道这本书，书好像出得早，现在又出过吗？

祝勇：广西师范大学出版社新出了，史景迁还写过另外一个中国故事，叫《利玛窦的记忆宫殿》，我也拍过利玛窦的纪录片。利玛窦想建造一个宫殿，把人的记忆储存进去，特别有意思。你觉得这是一个文学题吗？不，这是一个史学题。所以，史景迁属于这样一种状态，边缘不清晰，模糊，这种交叉和不清晰，奠定了他的特点和地位。

史景迁我非常推崇，这几年他在中国非常红，我在美国见过他，我跟他有点像，你说我是历史学家，不是，你说我是文学家，很多人说你写历史啊什么，这正好体现了散文或者非虚构综合文本的特点，你没有背后的学术思想深度，去写一件事，或写某个历史事件，就是白描，会有多少意思？

张庆国：简单地介绍历史，只是通俗读物。

祝勇：白描提供了历史最起码的一个记录，从文学上说，基本没有价值了。

张庆国：你做纪录片是怎么回事？原来做过？还是最近写的书才跟纪录片有关系？

祝勇：我从 2005 年开始做纪录片，快 10 年了，当时，央视要做《郑和下西洋》，还要做《故宫》，我时间上有冲突，就选择《郑和下西洋》。

张庆国：也算国家很重视的一个作品啦。

祝勇：太重视了，在人民大会堂举行首映式，国家领导人亲自出席。我就觉得，历史影像是综合文本的一部分，用我的说法，叫作图文互证。所以，我《辛亥年》那本书里，有大量历史图片，历史图片本身给人带来一种真实感，这个最早源于我（20 世纪）90 年代在出版社干过，编过一套"西方视野里的中国形象"丛书。

张庆国： 你原来在出版社工作过？

祝勇： 对，在出版社工作了十几年。

张庆国： 在沈阳那边？

祝勇： 不是，在北京，我 1990 年毕业就在北京工作。

张庆国： 我还以为你先是在沈阳工作呢。

祝勇： 我在北京的出版社，编辑那套丛书，接触了一些清末影像，非常震撼，是当时的外国记者和传教士拍的照片，清朝的人梳着大辫子，在黑板上用圆规画图，学习数学，这种场景太超乎想象了，从那个时候起，我就意识到图片影像的重要性，所以，2005 年做纪录片以后，我就很重视图文互证互补，拍《辛亥》时，我跑遍全世界各大图书馆和博物馆，购买大量清末图像，非常珍贵，有的在中国从来没有披露过。

张庆国： 《辛亥》是哪里拍的？

祝勇：北京电视台，投资比较大，可以在网上搜到，我尽可能去政治化，恢复历史的原貌。

张庆国：做得怎么样？

祝勇：电视台做得很好，把所有的奖都拿了。我是去政治化，因为政治化本身啊，就是单一的，政治判断只有立场啊这些。去政治化，事物本身的复杂性，那种活色生香的面貌，就呈现出来了，包括一些人物，慈禧、袁世凯，都不再是扁平的，不能用简单的好坏来概括。用我的话来说，就是把历史人物当人看。

张庆国：对现在的中国散文情况，你有什么观察和思考呢？

祝勇：还是开始的那个话题，现在要做的事，是恢复散文的艺术标准。散文这个领域，由于多年的混乱，丧失了艺术判断标准和感知能力，良莠不齐。

张庆国：余秋雨的散文写作就是有点知识，没有文学啊。

祝勇：散文这20多年，有很大发展，创作的生产力大大解放了，不再受原来的束缚了，像格致的散文、于坚的散文，很多散文写作以前都没出现过，这是好的一面。不好的是，现在不像余秋雨和之前的那个时代，那个时代文学处于社会生活中心。现在边缘化、碎片化、网络化，对散文发展不利。当然，也没关系，我觉得应该恢复散文的感知力和审美能力，读者或者文学界，应当认识到什么是好散文，应该推崇真正的好散文。现在网络上那个微信啊，哗众取宠的东西太多了，以前没有面对过这种状况。我是散文写作者，也编了不少散文的书，我认为不是没有好文章，是缺乏更多对好文章有认识的人。

张庆国：有认识的人越来越多，好文章才会多。

祝勇：文坛上有一个观点，我不太认同，说近年来作品越来越不行了，我不同意，我认为作品越来越好了。

张庆国：我同意你的看法。我编杂志，就发现来稿质量越来越高，文学作品的写作，现在是越来越好，优秀作品越来越多了，只是大家都去玩微信，很少有时间读优秀的文学作品，真遗憾！不读书，对任何人都不利啊，要出大事的。

祝勇： 时代的信息太杂了，太碎片化了，遮蔽了很多好东西，但文学在进步，是肯定的。

张庆国： 我想起一个作家，刚才就想问的，英国的奈保尔，英籍印度作家，他写小说，也写大部头的散文，你对他有什么看法？

祝勇： 奈保尔的写作，我非常推崇啊，奈保尔是我的榜样，他就是展现了一种综合能力，他那个吞吐量非常庞大，非常蓬勃。我觉得今后中国应当产生这样的作家。

张庆国： 我也很喜欢奈保尔，最近正集中研究他。

祝勇： 奈保尔这样的非虚构作家，在中国不占主流，是一个很大的问题，你写得再好，在整个文学体系中不占主流，就麻烦了。那天我讲课，说中国作家协会的副主席十几个，还是二十几个吧？有一个写散文的没有？好像没有，基本都是写小说的，偶尔兼写散文吧。

张庆国：你这个提问很切中要害。

祝勇：我还说，中国作协，好像也没有一个诗人副主席？诗人好像没有，专业的散文家也没有。

张庆国：哈哈！换句话说吧，中国散文有种种不足，正好说明发展空间很大。

祝勇：对。

张庆国：有很多事没做，留下了机会。

祝勇：实际上呢，好的文学作品，包括好的散文诗歌，大众还是渴望的，只不过他不知道，你也不能提供，两方面都断了，联系不上。

张庆国：对对。

祝勇：像我那个写王羲之的文章，《永和九年的那场醉》，微信转发量已经二三十万了，浙江兰亭那个地方，有个管理处，那个管理处有个网页，把我这篇文章整个放到网页上，管理处的主任跟我说，他那个地方就转十几万了。我们故宫里，很多人也是从微信上看到那篇文章，然后找到我。所以，不是读者不需要好作品，很多人是需要好作品滋养的，老是那种八卦的东西，不能持久。作家这头，读者那头，两边接上头就对了。我从创作的角度看，觉得需要更有分量的作品出来，大腕也好，年轻作家也好，要充分展现个人的创造力，谁也别学谁，把自己的作品做好，官方呢，起一定的引导作用，现在没有引导，读者找不到好作品。官方，老百姓是信的，甚至于就信官方。

张庆国：我是写小说的，但我认为散文的价值比小说大。我还有一个比喻，说小说是给人一只空碗，让你想象碗里有米饭，散文是真的给你一碗饭。

祝勇：对。

张庆国：小说写不好，就什么也没有；散文写得差些，起码还有些事实。

祝勇： 散文是最重要的文体，是对事件的直接表达。小说要营造一个空间，再来表达对世界的认识，营造一个张三李四，根本不存在的角色，营造了这么一个空间，才会出效果。散文呢，本身就在现实的空间之内，散文更直接、更重要。

张庆国： 应该对散文有更多期待，可以这样说，大象无形，散文是更高级的文体。

祝勇： 我同意这个说法，就是这样。

谈话时间：2014 年 10 月 21 日

谈话地点：北京十里堡八里庄南里鲁迅文学院

原载《滇池》文学 2015 年第 1 期

山墙上仿木的琉璃梁架和博风，郑欣淼摄

历史散文是一种隔空交谈
——答《文学报》记者问

《文学报》：《文渊阁：文人的骨头》是您《故宫的隐秘角落》系列中的一篇文章。不知这个系列的第一篇作品是哪一篇？

祝勇： 2014 年，我为《十月》杂志写了一年的散文专栏，名字就叫《故宫的隐秘角落》。之前一年，也是给《十月》杂志，我写了《故宫的风花雪月》专栏，后来兴犹未尽，我与主持《十月》杂志的陈东捷兄、宁肯兄一谈，才又有了这组《故宫的隐秘角落》。《文渊阁：文人的骨头》，是这个专栏的第一篇。后来我把这组专栏发展成书，加了一些篇目，重新梳理了顺序，交给牛津大学出版社和中信出版社分别出版繁体字和简体字版，第一篇就成了《武英殿：李自成在北京》，是钩沉李自成进入紫禁城的 40 多天里到底发生了些什么。李自成打下江山，拱手送人，才有了清朝的历史。《故宫的隐秘角落》讲建筑，也是一部另类清史。

《文学报》：故宫是一组充满历史的建筑群，写故宫，不可避免地要写到历史。而历史散文又是一个如此大而化之的概念。历史散文写作，除了写当年的历史情境和历史故事，还应该具有什么样的特质，才能免于写作的俗流？

祝勇：散文是一个被败坏的文体，历史散文更是一个滥俗的称谓。许多人把散文，或者说历史散文看得太简单，攒一点儿历史知识，现炒现卖，就成了历史散文了。对于写作缺乏起码的敬意。这样的写作，也不值得尊重。

历史散文的写作，本身就是一种有难度的写作。在我看来，历史散文不是历史的回音壁，把历史人物说过的话再说一遍，把已经发生的故事再回放一下，它是当下写作者与历史人物的对话。

因此，我愿意把历史散文当作一种双向的交流。当然，这种交流是虚拟的，我们的话，古人一句也听不见；他们的话，也在时间中消散了，没有录在时光的磁带上。只有历史散文，能让这种虚拟的交谈成为可能，这是散文的神奇之处。

可能有人会说，我们没有资格与历史人物对话。因为所有的历史人物，之所以被记住，是时间挑选的结果，他们早已经被"经典化"了，不是帝王将相，就是才子佳人，而我们不过是平头百姓、芸芸众生。我们没有康熙皇帝的胆识气魄（《昭仁殿：吴三桂的命运过山车》），没有戴震的丰厚学识（《文渊阁：文人的骨头》），在古人面前，我们无比肤浅。对此，我不完全同意。他们虽然了不起，但也是人，是带着各自的处境与我们相遇的，他们也有难以解脱的困境，正如我们今天一样，至少在这一点上，我们是平等的。这使我们有了对话的必要和可能。当然，与他们相比，我们的确浅薄，因此，我们先要变得不那么肤浅，我们需要一颗"大心脏"，能够承担起一些更加深刻的命题，而不仅仅把历史当作娱乐的对象。否则，我们的文字必将是肤浅、流俗的。

《文学报》：在历史写作中，历史事实是已经存在的，那么如何在这个历史叙述中体现出作者的个人性格？今人写历史，难免要以今人的视角和观点来描述历史。在历史写作时，您又是抱着怎样的基本态度，去判断历史、描述历史的？

祝勇：历史是过去每一天的总和，它本身是松散的，一盘散沙，没有固定的形状，吃喝拉撒与丰功伟业交织，无意义与有意义混杂。历史从来不是一套完整的、线性的故事结构，这样线性的故事结构，是后人通过叙述拣选、提炼、组织出来的。历史变成故事，变成雕塑，有形有状，那不过是后人的塑造而已。因此，虽然如你所说，历史事实是已经存在的，但历史并不是"一个"故事，而是"无限"的故事，关键看你选哪些素材去串连故事链条。

就像在一个人的自传里，他的一生好像存在着某种逻辑，或者体系，但是实际生活，则无比散乱、无序，今天牙疼，明天堵车，后天和老婆吵架。

至于我们对历史的判断、描述，肯定是带有个人痕迹的。但这种个人痕迹，也未必全属于个人，也与时代有关。刚才说，历史人物各有其困境，而我们，也是带着这个时代的问题与处境，去与古人对话的。古人已死，他们是不变的，坐在那里，守株待兔，那兔子就是我们。每一代人的处境都不同，带去的问题，也各有不同，但每一代也都有相同的问题，这些问题，历史中早就经历过，所以他们看我们的今天，洞若观火，就像我们有时看历史时一样。

《**文学报**》：当下，历史散文写作者不在少数，但其中也存在不少问题，比如，写作路数的僵化、历史态度的陈旧，等等。我们看很多历史散文，有时会有一种大同小异之感。您是如何看待当下的历史散文写作的？您觉得其中存在的最大问题是什么？作为历史散文写作者，在写作中要警惕什么样的情绪？

祝勇：当下的历史散文写作的问题，你都说了啊。"新散文"的发展，正是从摆脱散文本身的模式化开始的。当然，这只是表象，根本的问题，是历史观的僵化。前不久，北京有一家名牌大学副校长放出话来：盲目追求真相不讲立场就是虚无主义，遭到网友一片谩骂。讲真相还要预设立场，那还有真相吗？这才是真正的虚无主义。对于历史写作来说，最要命的就是这种预设立场，凭着"马后炮"式的"英明"，去指点江山、臧否人物，对历史的复杂性、历史人物的处境缺乏起码的认知，是无知者无畏。

《**文学报**》：《文渊阁：文人的骨头》似乎是您故宫系列中为数不多从书籍、从文人的角度讲述历史的一篇作品。

从藏书阁到《四库全书》到文人风骨再到知识传承，我们可以从这篇文章里读出很多细节，读出很多意味。也因此忍不住想要问一个很俗的问题：为什么要写文渊阁？写文渊阁和《四库全书》意义何在？大众更关心的是储秀宫、翊坤宫等权力背后的八卦，但您选择了这个书去楼空的文渊阁作为您的书写对象。文渊阁与您，或者说，文渊阁与我们的文人、作家，有着怎样的精神渊源？

祝勇：八卦永远是吸引人的，今天也是一样。打开网络、微信，抢头条的，难道不是名人八卦吗？但是，在现实生活中，那些八卦有什么意义呢？这些八卦，不当吃，不当喝，不能帮你提高文化水平，为它们浪费时间，有意义吗？

在故宫，许多游客一到后宫就兴奋。宫闱秘事，好像永远魅力无穷。这也许与人的本性有关，食和性，是人生的最大主题，它们连接着人的基本欲望。我们常说生存与发展是当今世界的两大主题，生存与发展，最起码的就是食与性吧。其他事情，再宏大也没有食、性重要。所以，在故宫，有的游客对建筑、文物、艺术都不在乎，只关注后宫，见我的胸牌，就上来问："老师，甄嬛住哪儿呀？"

暧昧的后宫，的确是故宫的一部分，但也只是一部分，不是全部。紫禁城的后宫，我也写过，比如在《故宫的隐秘角落》这个系列（或者说这本书）里，我就写了慈宁宫和慈宁花园，写几代后妃的情感纠葛。但我也要写武英殿，写文渊阁。我是想告诉大家，故宫的内容太丰富了，绝不仅仅是争风吃醋那点事。武英殿，清代是宫廷编书印书的场所，现在是故宫博物院的书画馆，每年春秋两次举办院藏书画展，今年秋天，正逢故宫博物院建立 90 周年，会有许多镇院之宝——包括张择端《清明上河图》拿出来展览。文渊阁是专为存放《四库全书》修建的，当年台北故宫周功鑫院长首访北京故宫，第一句话就是："我想看看文渊阁。"这两座宫殿都开放，却游人罕至。我认为我们的游客也要提高文化素养，学会领略故宫的魅力。

　　关于文渊阁，我在《文渊阁：文人的骨头》里说得详细。《四库全书》是一部几乎囊括了中国古代所有图书的大书，所以叫"全书"，相当于给中国文化来一次总存盘，共抄 7 套，分藏在 7 座藏书楼中，以使中国文化免遭秦火那样的灭顶之灾。应当说，《四库全书》是乾隆时代一项政府形象工程，是权力的产物，只有经过康熙、雍正两朝的铺垫，国力达到鼎盛，才有可能编抄这种规模的旷世之书。许多曾经仇视这个"外族政权"的汉族知识分子，都投入到这项事业中。这是因为，与政治权力相比，文化是一种更大的权力。它比政治更有力量，在这篇文章里，我想强调中华文明薪火相传的力量。

《**文学报**》：这篇文章的标题很吸引人。如果要从这篇文章中找一个定义，那么，何谓"文人的骨头"？

祝勇："文人的骨头"是内在的自信，是长久的坚守。

《**文学报**》：这篇文章在最后也提及了纸张和知识的关系。中国文人对纸张向来有别样的珍惜，然而，在这个新时代，人们越来越倾向于数码式的阅读，电脑、手机、电子阅读器，纸质书不再是人们获取知识的唯一途径，所有写下的文字都可以转化为数码格式，纸张的脆弱不再是知识传承过程中的难题，但人们已然更青睐图像，他们对消失在历史烟尘中的那些书籍、文章，已经不会那么敏感，不会那么痛心疾首。这是否也意味着我们对待知识的态度的转变？而如《四库全书》此类不可能被尽数阅读的作品（在这篇文章中，您将《四库全书》称为一种"黑洞式的存在"），它对于我们，对于今天的普通国人，对于文人，又具有怎样的意义？

祝勇：《四库全书》是纸质文明时代的奇迹，它的编订、抄写，乃至一代代文人在战乱中前赴后继地寻找、修复、保存，表明了我们民族对自身文明的珍视。现在，我们或许已经不再需要藏书楼了，一个优盘，就是今天的藏书楼，可以轻松存入《四库全书》约 8 亿字的内容。问题是，在今天，人们不仅不需要藏书楼了，连书也不需要了。当代中国人读书风气之差，直接导致我们民族整体文明水平的下滑。举一个例子吧，有一次我听到电台里广播我写的《张择端的春天之旅》，是《故宫的风花雪月》书中的一篇，主播竟然把"张择端"读成了"张择瑞"，文中"张择端"出现过无数次，主播很执拗，全都读成了"张择瑞"，一个也没放过。还好，没有读成"张口喘"，不然我就真要气得"张口喘"了。

你可能说这是个案，能把"张择端"这样进入中国美术史的大画家读成"张择瑞"，也算是主播界的战斗机了。但只要把中国人民的平均读书时间和欧美、日本比较一下，就会发现我们自己是多么可怜。央视原来有个读书节目叫《读书时间》，主持人是我的朋友李潘，原来的制片人吴玉仑也是我的好朋友，我知道这么多年，他们是怎么苦苦坚持过来的。大家都没有时间读书了，《读书时间》也就得把好时间让出去。有一次我在电视机前等候《读书时间》居然等到午夜零点以后（是首播不是重播），所以我建议《读书时间》这个栏目应该改名为《半夜鸡叫》。

像《四库全书》这样的古籍，在今天或许真的成了无人阅读的书，成为博物馆里的藏品。里面收的《论语》《庄子》，即使广为流传，也被改造成了心灵鸡汤。如今的人们需要八卦（像前面说的），也需要心灵鸡汤，但无论八卦还是心灵鸡汤，最多只有3分钟的价值，连5分钟都没有。

文明的媒体可以转换，而且一直在转换，我们中华文明就历经甲骨、青铜、石鼓、布帛、纸张等不同的阶段，但我们的文明从来没有断流啊，每一个阶段，都是环环相扣的，而且利用各自的材质，把我们的文明拓展到极致。所以关键并不在于用什么样的材料来承载文明，关键在于我们对于文明的态度，在于对文明，我们还有没有敬畏和珍惜。

我不排斥电子阅读，微信、网络的确有传播上的便利。我也经常从微信里读文章，也在腾讯网的《大家》频道写专栏，《故宫的隐秘角落》中的一些文字，比如《景阳宫：慈禧太后形象史》，就是在腾讯《大家》发表的。但我是原教"纸"主义者，在我心里，没有一种媒介能够取代纸质书。我也有许多同道，大部分是像我这样的中年老男人，比如海豚出版社社长俞晓群，一心要把纸质书做到极致，做成精装还不够，还做成布面、皮面，变本加厉。我形容他，这是"最后的疯狂"。我在书里写过这样的话："假如说我们正身处一个纸文明衰落的时代，那么，在这样一个时代里，我甘愿用更加努力的写作，向纸文明致敬。"

《文学报》：*您的故宫系列是否有一个完整的计划，计划要写出一个什么样的故宫？在上一本《故宫的风花雪月》中，您讲述了故宫珍藏画作的历史故事，不知《故宫的隐秘角落》又将从哪一个角度向读者介绍那个神秘的故宫？*

祝勇：北京的冬天，天黑得早，有时 5 点半就全黑了，只剩下一些宫殿的剪影，在深蓝的夜空下起伏错落。有时下班的时候，一个人从宫殿的最深处走出来，我会想，在明清两季，宫殿是不会这么黑的，因为各座宫院里都有人。只要有人，就有灯火。一盏盏灯，在宫殿深处亮起来，宫殿也就有了生气和活力。所以我想，那时的紫禁城，和今天的故宫是不一样的。那时有星星点点的灯光把它照亮，亮起的窗前，有人影晃动。现在的故宫，不是皇宫，是博物院，下班后一片漆黑，没有灯光，也没有人影，有人影就麻烦了。

所以，我会猜想宫殿当时的样子，让那些消失的人、消失的事一点点地复活——不是后半夜复活，而是在文字里复活。当然，历史是一个时间现象，消失的永远不可能复原，但我在想象里把它们复原了，于是那些冰冷的建筑，又有了英雄气、儿女情。我想通过我的文字，让死去的宫殿重新活起来。至于完整计划，心里面有，但随时会变。写作可以计划，但写作状态不能计划，只能走着瞧。

《文学报》：都是写故宫，在创作的时候，您是否会考虑到警惕写作的轻车熟路这一问题？在进行同一系列的创作时，您是如何在已经习惯的叙述手段中找到每一个叙述对象的独特之处，又是如何在这种习惯姿态中发现和挖掘新的共鸣点的？

祝勇：其实写作和画画很像，你多年形成的东西——就是你所说的轻车熟路，你敢不敢把它扔了？只有扔了，重新开始，才可能创造一个全新的自我。有范式的东西都是不难的，通过学习都可能掌握，难的是没有范式的东西，那是虚空，谁创造出属于自己的语法，谁就是大师，比如艺术界的梵高、毕加索、康定斯基。但一般来说，人们还是有所顾忌的，因为现成的范式、已有的技巧，还是赢得了一些认可，丢了可惜，而重新摸索，完全没有把握，完全有可能失败。艺术创作是向虚空中去寻找，寻找只属于自己的语法、自己的范式，就像在沙漠中找水源，有的人幸运，找到了，但 99% 的人渴死在途中。我不一定能找到，但我知道，如不去找，就绝对找不到。

《文学报》：《文渊阁：文人的骨头》获得了在场主义的单篇散文奖。急着将某些作品归入某一个流派，对写作而言并不是一件好事。但是，我也觉得，单纯的"在场"两个字却是可以谈论的。从当初"新散文"寻求传统散文格式和内容的突破，到如今试图在历史深处寻找并拓展散文写作的内涵和界限，这样的写作行为，某种意义上都是在场的。那么，在您的理解中，什么样的散文写作才是真正的"在场"？历史散文的写作，又该怎样才能做到现实的"在场"？

祝勇：真正的写作都是"在场"的。我说，好的作品都是第一人称的，那个第一人称，就是"我"，即作者自己。只不过有的作品中，作者直接出现，而在有的作品中，作者没有现身而已。但作者不现身，不等于作者不存在，他是借助作品中的角色存在的。所以，好的作品，都有作者的"灵魂附体"。

真正的"在场"，还是进行真正有效的对话。一个写作者和他写作的对象，应该是相识，是朋友，甚至是知己。假如双方完全不在一个频道上，写作就成了《三岔口》里的焦赞和任堂惠，两个人摸黑打斗，就算是打花了眼，也谁都不挨谁。

采访时间：2015 年 8 月 2 日

原载 2015 年 8 月 13 日《文学报》

采访者：金莹

故宫延禧宫水殿，郑欣淼摄

在艺术的感性美之上，叠加理性的光泽

——答《天津日报》记者问

《天津日报》：您从出版社编辑到故宫学专家，从散文大家到优秀纪录片制作人，很多读者和观众都十分喜欢您的作品，也特别想了解您的学术经历。

祝勇：我不是专家，这并非谦辞，故宫学问如海，我不过是刚刚入门而已。所以，于我来说，故宫是我一生的学校。我能在这里一生学习，这是我的幸运。我 1990 年大学毕业，到一家出版社工作，此间开始写作，作品主要是关于传统文化和知识分子命运的。2002 年离开出版社，被北京作协聘为合同制作家，此间写了《旧宫殿》等一些以故宫为题材的作品。2006 年到美国加州大学伯克利分校做驻校艺术家，在美国写了一本学术专著《反阅读：革命时期的身体史》，这本书后来在台湾出版了，出版社是联合文学出版社。2007 年回来，次年师从刘梦溪先生，攻读艺术学博士学位，又回到传统文化。2011 年进入故宫博物院工作，只有短短几年的工夫。当然从关注故宫和以故宫为写作题材算起，时间更长些。到故宫以后，我最深的感受是：来得太晚了，此前的生命，浪费得太多了。

《天津日报》：故宫在您的写作中是一个重要的主题，请您谈谈故宫在您心目中到底是怎样一个位置，您的内心是如何看待故宫的。

祝勇：我曾经在我的作品（比如《旧宫殿》《故宫记》）里，把紫禁城定性为极权主义建筑，它的建筑设计，体现的是中央集权的意识形态。但我们看故宫，不能只有一个角度。我强调这个角度，并不等于否认其他角度。任何一件事物都有复杂性，故宫就更复杂。比如在古代中国，没有艺术博物馆，所以艺术的搜集、保存、流传，士大夫是一个渠道，比如宋代赵明诚（著名词人李清照的丈夫）、欧阳修、李公麟，明代冯梦祯、董其昌，清代阮元、端方，等等。当时不叫收藏家，那些以前朝的青铜器、碑石为收藏对象的大家，被称为金石学家。金是指金文，即青铜器上的铭文；石是指石鼓文和碑刻。他们不像今天的收藏家，为藏而藏，或者作为一种投资手段，他们大多是为研究、创作而藏，所以，中国古代的收藏家（金石学家）都是大学问家，兼通文字学、历史、书法、文学、图书学等多方面的学问，不像今天的收藏家，只关注文物值多少钱。顺便说一句，电视里有许多鉴宝类节目，藏宝者持宝上来，鉴定专家的回答往往只有两条：一、真假；二、值多少钱。这对于当代的收藏是一种误导。收藏的真正价值在于文化血脉的传承，不能以金钱衡量。

另一个渠道，就是皇家，而且皇家是最重要的渠道，因为皇权是至高无上的，皇帝的收藏，是可以运用政府资源的。比如，在《故宫的风花雪月：破译古典书画的生命密码》这本书里，我讲到唐太宗李世民对东晋王羲之的《兰亭序》真迹朝思暮想，最终不择手段也要得到它，死后，还把它带到坟墓里。这是古代皇帝玩收藏的一个非常典型的案例。宋代宋徽宗、清代乾隆皇帝，都是大收藏家，他们收藏的书画名品，分别记录在《宣和书谱》《宣和画谱》和《石渠宝笈》里。

今年秋天，正值故宫博物院建院 90 周年（1925—2015），故宫将举办"《石渠宝笈》特展"，实际上是清代皇宫收藏精品展（初步定于 9 月 5 日至 11 月 4 日）。

我们故宫博物院的文物藏品中，清宫的藏品和遗存，占到85%，台北故宫则占到 92%（至 2008 年统计）。这次特展就以《石渠宝笈》著录书画为主轴，详细介绍作品的流传经过、递藏经历，包括《伯远帖》《展子虔游春图》《冯承素摹兰亭帖卷》《写生蛱蝶图》《渔村小雪图》《听琴图》《明宣宗行乐图》这些家喻户晓的书画经典，这一次都要拿出来晒一晒，还有顺治、康熙、雍正、乾隆、嘉庆 5 位皇帝的书画作品，也是首次同场竞技，假如错过，就真算是过错了。

尽管历代皇室收藏艺术品只为他们自己欣赏，并不知道很多年后，这些文物会汇聚成一座公众的博物院，但他们在客观上起到了文化传承的作用。清朝晚期割地赔款为人诟病，实际上，清朝对中国文化的贡献是大的。其中包括《四库全书》的编订、我们民族精美书画器物的收藏传承，以及它创造了中国历史上第二大版图（仅次于元朝），全盛时期的清朝疆域广达 1300 万平方公里——这是留给今日中国的最大一批资产。因此，对于皇权，简单地批判和简单地歌颂都是片面的，我们应该用更多元的目光去打量它。

《天津日报》：您的工作让您能够近距离地观察故宫，在您的眼中故宫最有魅力的地方在哪里？

祝勇：它是一个完整的历史空间。首先，它完整，是因为故宫是中国现存规模最大、保存最完整的皇家宫殿建筑群，它的面积，分别是法国卢浮宫的 4 倍，凡尔赛宫的 10 多倍，英国白金汉宫的 10 倍，俄国圣彼得堡冬宫的 9 倍。中国历史上有许多有名的宫殿，像秦代阿房宫、汉代未央宫、唐代大明宫、宋代汴梁皇宫等，都很恢宏壮丽，可惜都没有留下来，只有遗址在，完整保留的，只有北京紫禁城。假如以前朝代的"故宫"还在，北京故宫想必就无法专美于国人了。比如唐代大明宫，规模比北京故宫还要大，占地面积是北京故宫的 4.5 倍，被称为千宫之宫、东方圣殿。可惜大明宫已经不存在了，只留在文字里。假如还在，这个唐式风格建筑群，色彩沉着、大气粗朴，一定比雕饰繁复、大红大绿的清代皇宫更加威武和壮丽。

北京故宫没有在历史中灰飞烟灭，这是历史的恩典。但北京故宫也经历了许多劫数，比如朱棣建成紫禁城不久，三大殿就被大火烧毁，让朱棣认为自己是受到了天谴。明末李自成杀入北京，杀进金銮殿，败亡时，也一把火烧了紫禁城，所幸没有完全烧毁，清代入主紫禁城后，许多建筑都要重建，太和殿花了几十年的工夫，一直到康熙三十四年（1695）才重新建好，规模也只是原来的几分之一。

所以我说，它还是一个历史空间。它的一砖一瓦、一草一木，都像芯片一样，贮存着无数的历史信息，我最近写《故宫的隐秘角落》，表面上是写建筑，实际上是写建筑里容纳的历史。故宫几乎每一座宫殿，都可以打通明清的历史。

《天津日报》：如果在今天让您回想一下第一次走进故宫的情形，您会用怎样的文字来形容？

祝勇：其实我早在 1971 年就参观过故宫。那一年我 3 岁，家住在沈阳，父母带我来北京，在天安门前照了相，后来又参观了故宫，也在故宫照了相。后来进故宫工作，查看院史，才知道那一年是故宫博物院的重要一年。1966 年 8 月 18 日，毛泽东第一次接见百万红卫兵那天，红卫兵要闯入故宫破"四旧"，周恩来当晚召开会议，故宫从此关闭。红卫兵冲不进去，就把神武门上"故宫博物院"牌匾换上了一个新的牌匾，上写"血泪宫"3 个大字。1971 年，造反的浪潮早已平息，7 月 5 日，故宫博物院重新开放。自故宫博物院 1925 年成立，至今 90 周年，只有这 5 年关闭过，即使在日本占领北平期间，仍然在开放。但我们要感谢这闭馆的 5 年，因为周恩来的一纸命令，让故宫躲过一劫。今天我们在神武门上见到的"故宫博物院"牌匾，就是郭沫若先生在 1971 年写成，放大刻上去的。

因此，我在那个夏天游历故宫，就有了历史性的意义——我应当是故宫重新开放后的第一批游客之一，只是除了几张黑白照片，脑海里什么印迹也没有。20 世纪 80 年代，来北京上大学，去过故宫，那时故宫的游客不像今天这么多。当时我很惊叹，每座门都是一个取景框。走上太和门时，透过太和门，可以看见太和殿的一部分。我一步步往上走，太和门裁出来的那个部分也随着移动，像电影一样。紫禁城之美，并不在于某一座单体建筑，而是美在不同建筑之间的呼应关系。

《天津日报》：作为艺术史的研究者，您曾经说过，在您的眼中，故宫的艺术品是活的，请您具体讲一下，您所说的"活"到底指的是什么？

祝勇：在我看来，文物和人一样，是有生命的，它有情感、有呼吸、有记忆。面对一件文物，我从来不把它当作一件死物，而是与它对话。它是经历了无数的坎坷沉浮、无数的命运转折之后出现在我面前的，它会把它的传奇，一一讲述给我们。

《天津日报》：您的作品有时很难以文体来归类，比如《故宫的风花雪月》给读者的感觉既是一本专业读物，也是一部文学作品，"艺术散文"也成为这部作品最受读者欢迎之处，请您谈谈这部作品的创作过程。

祝勇：首先是故宫收藏的大量书画艺术品给了我写作的冲动。最先写的是《永和九年的那场醉》，在 2011 年底的"兰亭特展"之后就动笔了，但写得不顺利，就放下了。过了大半年，依然如鲠在喉，不吐不快，就又捡起来，接着写。可能是酝酿得久了，这一下写顺了。心里有了点把握，我就给宁肯打电话，他是我的好朋友，是很优秀的作家，也是《十月》杂志的副主编，我问他能不能在明年的《十月》杂志上开散文专栏。那是 2012 年秋天，刚好要准备第二年的稿件了。宁肯与主持刊物的陈东捷商量，东捷也认为，

《十月》这几年小说比较强，散文抓得不够，就同意我开专栏。这样我就没有退路了，必须写下去，而且必须写好。要知道，当时并没有存货，是写一期发一期。我冒险不要紧，还要拉着《十月》陪绑，现在回想起来，十分感谢东捷、宁肯的胆量。当然，这一份胆量里，有信任在。但无论怎样，在《十月》这样有影响力的文学杂志上开专栏，还是有压力的。还好，这一年（2013 年）挺过来了，反响不错，还获了好几个奖项。年底结集出书，就水到渠成了。第二年，也就是 2014 年接着干，就有了《故宫的隐秘角落》这个专栏，又坚持一年，最近交给中信出版社，也要出版了。

《天津日报》：在《故宫的风花雪月》中，您重新解读了张择端的《清明上河图》、顾闳中的《韩熙载夜宴图》等被世人所熟悉的经典作品，您是如何将自己解读的视角做到与众不同的？

祝勇：故宫博物院不乏书画研究和鉴定的名家，像徐邦达、刘九庵等，但在严谨的学术体系之外，我觉得还需要一种更个人化的、内心化的表达，让故宫深藏不露的美被更多的人领略和体会。我不是学艺术史的，对技法、鉴定一窍不通。我是学艺术学的，侧重于阐释，又写散文多年，所以写故宫书画，我更愿意在艺术的感性美之上，叠加理性的光泽，所以在书中，我不纠缠于技法，而更多地对那些人、那些时代进行追问，不是局限于艺术，而是向思想的深处切入，许多内容，我想是会引发人们思考的。有人说过这样的话："如果可以把一幅名画比喻为露在海面之上的冰山一角的话，那么海面就是画家本人以及画家所生活的那个社会，而冰山隐藏在海面之下的庞大身躯……才是令我兴趣盎然并在这本书里着力描摹与分析的东西。"①对此我深有同感。我把这当作一次与古人进行心灵对话的机会，所以写出来的文字，定然是贴心的，自信在许多地方，也表现出某种思想的力度。

《天津日报》：很多读者十分期待您下一部作品《故宫的隐秘角落》，据说您在书中为读者介绍了很多故宫从未开放的"神秘地带"，请您向读者介绍一下这部作品好吗？

祝勇：刚才说到，在《十月》杂志开《故宫的风花雪月》

①苏缨：《少有人看见的美》，第 10 页，北京：中信出版社，2015 年版。

专栏之后，兴犹未尽，2014 年又开《故宫的隐秘角落》专栏。在我眼中，任何物质性存在的背后，都是人的存在。所以我们写历史，写文物，不能由物到物，而应由物及人，"以人为本"。所有的存在中，人是最大的存在，假如不涉及人，我们的写作最多会成为对物质的说明介绍，成为说明文。我做纪录片也是这样，尤其是涉及历史文化遗产时，不愿意把它们当成纯物质的存在，拍一大堆明信片式的镜头，而更关心人与建筑的关系，这些建筑里住过什么样的人，他们有怎样的情感，怎样的命运。在故宫工作，我觉得有义务讲述宫殿里生活过的人，讲述宫殿在多大程度上摆布和控制了他们的命运。实际上，游客对此是感兴趣的，因为经常有游客问我：甄嬛住哪儿？小燕子住哪儿？故宫里真有慈宁宫吗？许多旅行社的导游都在忽悠和误导游客，因此需要更专业、也更生动的讲述。

　　我想，这也应该是宫殿研究的一部分。在故宫，许多研究应该是跨学科的，不能简单地分成建筑史、宫廷史、服饰史这些学科。当然，专门研究是重要的，但打破学问的壁垒，用一个更大的眼光观照它们更重要。所以，我们的前院长郑欣淼先生创建了"故宫学"，指出"故宫学"要"把这些基础研究整合起来，统一在一个内在的逻辑之中"，因此，"故宫学很显然是综合性学科"。① 当然，《故宫的隐秘角落》不是研究性著作，是对宫殿历史的个人化表达，但也离不开学术上的探究过程。

《天津日报》：刚才谈到纪录片，您集作家、学者、纪录片工作者、艺术学博士于一身，您是如何给自己的身份定位的？在写作、学术研究和纪录片创作这三者中，它们的魅力和内在关系又分别是怎样的？

祝勇：我喜欢这种转换，转换带来间离感，让我不会在一成不变的写作中丧失激情，至少对我是这样的。但这种间离感要适当，不能相距万里，风马牛不相及。我的写作、学术研究和纪录片创作，都以历史为对象，只是使用 3 种不同的方法而已，像赵本山和牛群那个名叫《策划》的小品里演的，你是"炒"，我是"炖"，总之，味道好，爱吃就行。

---

① 郑欣淼：《故宫与故宫学》，第 209、213 页，北京：紫禁城出版社，2009 年版。

《**天津日报**》：您是如何看待写作过程中史实与虚构之间的关系的？作为文化学者，您又是如何将您研究的史实资料，融合到您的文学作品创作中的？

祝勇： 现在不是说要"讲好中国故事"吗？我也感到，对于自身的历史，中国人没有外国人讲得好，这是需要反思的。其实历史本身是不乏戏剧性和感染力的，只不过我们在表述的时候，常常忽略这一点。历史是真正的戏剧大师，历史的戏剧性已经摆在那里，不需要我们再去虚构了，只要把历史中深藏的戏剧性挖掘出来就够了。只不过我们的历史叙述，习惯于把历史条理化、模块化，太宏观，太空洞，太古板，失去了历史的生命感，失去了历史本身的肌理和温度，一二三四，开中药铺，缺乏细节，缺乏震撼人心的力量。

所以，我在看史料的时候，特别注意细节，在《明实录》《清实录》、皇帝御批、大量笔记中，寻找历史细节真像大海捞针，因为大量细节都是与我的叙述无关的，不能用，读史料需要极大耐心，心要安静。而一旦找到，则欣喜若狂。一个细节，有时胜过千言万语，能够穿透人心，我会把这样的细节，用在自己的作品里。当然，首先要有一个大的历史观，否则，所有的细节都是鸡零狗碎。

这三者中，学术是基础，写作是在学术基础上的个人化表达，但表达的艺术化，不能伤害可信性。也可以有一己之见，比如我在《故宫的风花雪月》中，写到《韩熙载夜宴图》时，对"螳螂捕蝉，黄雀在后"的一层一层的窥视关系进行了分析（见《韩熙载，最后的晚餐》一文），这种分析是我个人的，但不能是主观性的演绎，也不能是毫无根据的瞎猜。

至于纪录片，则是在历史叙述中发挥影像的魅力，让历史变得更加直观，可以弥补文字的不足。

《天津日报》：读者都知道您是非常高产的作家，请您向读者介绍一下您是如何分配时间，来完成这些长篇作品的。

祝勇：的确有人反映我写得太多，但我自己并不觉得。除了查看资料和外出考察，我的主要时间都用来写作。写作是我的主要工作（除此我无须承担其他工作），写作也已经成为我的日常生活，甚至于，我的人生都围绕我的写作进行。

我年轻时经常熬夜写作，在夜间写作，的确与白天不一样。白天的信息很杂芜，眼前呈现出的是一个清晰的现实世界，在夜里，这一部分都被隐去，很有梦幻感，思维反倒会被激活。但现在人到中年，不能像年轻时那样拼了，而且写作是一种长久的坚守，不需要一朝一夕的冲刺。所以，我多年形成了一种稳定的写作状态，一般上午起床，趁精力充沛，先到书房写作，短则写上两小时，长则写上三四个小时，就会停笔，去单位查资料。晚上一般看些闲书，比如小说、回忆录什么的，跟我正写的东西无关，或者电视里看看球赛，算是放松。也会有一段时间，一个字不写，外出做短暂旅行。这样下来，即使每天写得不多，但一年积累下来，不知不觉中，也写得不少。我从来不会要求自己每年写多少，这种恒久而稳定的写作状态，自然会积累很多。

还有一点更重要，就是我的心态很静，宠辱不惊，整个身心都沉浸在写作中。我不跟别人比，不比官，不比钱，不比知名度，不比获奖，总之什么都不比，你写你的，我写我的，所以没有干扰，也不会被一些事情诱惑，去分散精力。我把时间都花在我自己认为有价值的事情上，写出来的作品，不敢说让别人满意，至少让自己不失望吧。

《**天津日报**》：之前的《旧宫殿》等作品中，跨文体写作成为最令读者惊喜之处，您这种在创作上的"创意"是从何而来的？

祝勇：我们都知道写作要有创造性，但创造性不是从天而降的，而是在写作过程中产生的。写作就像在沙漠中找泉水，跋涉万里，不一定找得到，但不去找，就肯定没有。所以，写是前提，一个人的创造力会在这个过程中被激活，而不是相反，守株待兔，坐等创造力到来，那样的话，它100 年也不会到来。

采访时间：2015 年 8 月 16 日

原载 2015 年 9 月 17 日《天津日报》

发表时题为《祝勇：为让更多人领略到故宫之美》

采访者：郑长宁

裹挟在历史大命运中的个人小命运

——答《海南周刊》记者问

　　祝勇对故宫情有独钟，且一直对明、清、民国史很感兴趣，在跨文体作品《旧宫殿》里，写了明成祖朱棣与明惠帝朱允炆的叔侄战争，而在虚构的《血朝廷》里，他写了晚清 50 年的风云激荡。这两部作品，构成了"故宫三部曲"的前两部。而新作《故宫的风花雪月：破译古典书画的生命密码》，又在读者中和文学界引起极大反响。祝勇的故宫写作，真实与虚构相融，历史人物的内心世界与文物背后的隐秘故事交错呈现，为我们打量故宫的历史提供了多种角度，更提供了全新的阅读体验。今年 8 月，祝勇的作品《文渊阁：文人的骨头》获第六届在场主义散文奖。

——《海南周刊》记者　梁昆

　　《海南周刊》：此次在场主义散文奖您的获奖作品《文渊阁：文人的骨头》，听说是您新开的专栏的首部作品，为何选择文渊阁做开篇？这寄托了您怎样的人文理想？

祝勇：这篇散文写文渊阁，是透过文渊阁写《四库全书》的命运的，这也代表着中国古典文化的命运，代表着中国人文化精神的起落兴衰。乾隆皇帝下令编刻的《四库全书》，是为中华文明（至乾隆时期）的总存盘，代表着我们文明的气脉。这部大书，历经劫难而不朽，在传统文化（尤其是纸文明）遭遇危机的当下，更值得我们反思。

因此，这个题，早就想写。故宫寿安宫是我们内部图书馆，在里面查阅文渊阁《四库全书》影印本，几乎成了我写作生活的一部分，可以说，文渊阁《四库全书》与我朝夕相伴，但是对它的坎坷命运，一般读者是不知道的，更不知道这部大书与故宫文渊阁的关系。文渊阁在故宫的东部，文华殿的背后，尽管是开放区，却少有人去。2013年在《十月》杂志开《故宫的风花雪月》专栏以后，我想再写一年，2014年就又在《十月》开了《故宫的隐秘角落》专栏，因此，就迫不及待地从文渊阁《四库全书》开始。

《海南周刊》：今年（2015年）是故宫博物院建院90周年，在故宫浩如烟海的文物与历史中，如何呈现一个完整的或是别致的故宫历史实属不易，之前您写过《故宫的风花雪月》，开篇《永和九年的那场醉》，选择了永和九年的节点，从故宫的文物《兰亭序》切入，视角独特，今年续写故宫，您会有怎样的构思与梳理，来呈现一个不同凡响的故宫？

祝勇：《故宫的风花雪月》和《故宫的隐秘角落》这两个系列，我还想写下去，比如《故宫的风花雪月》里，我写过《张择端的春天之旅》《宋徽宗的光荣与耻辱》，写到宋徽宗和宋钦宗被金兵掠到北国，坐井观天。今年新写的一篇中，有一篇《繁花与朽木》，是关于宋高宗赵构的，写到他与金国谈判，把宋徽宗的灵柩运回南宋，以装点他的盛世图景，实际上对于父亲的苦难，他是一点儿也不关心的，但这篇散文只能放在今后的新书里了。至于是沿用原名，再出版时叫《故宫的风花雪月 2》和《故宫的隐秘角落 2》，还是另起书名，我还没有想好。

　　如你所说，今年是故宫博物院建院 90 周年，而紫禁城的历史，已将近 600 年。建院后的 90 年中，故宫里有多少学人对这座将近 600 年的宫殿做过研究，我所写的，不过是沧海一粟。或许我还能再写 20 年、30 年，但写得再多，对于这座浩瀚的宫殿来说，也是微不足道的。我们只能在我们的生命里做力所能及的事，仅此而已。

但是我希望自己能写出与别人不同的东西。故宫学人们，专注于学术研究，学术研究的本质是求真，对于一段史实、一件文物，他们旁征博引，只要回答出它们的来龙去脉就可以了。他们的研究，是从史到史、从物到物。而我的写作，则更关心历史和文物背后的人，关心人的情感、人的命运、人的困境。因此，他们的研究结束之处，正是我开始之处。我要从一件文物、一段历史出发，去探寻人物内心的秘密。

有读者喜欢我的写作，我想也是因为这一点。因为在我的作品中，他们得到的不仅仅是知识，还有情感的共鸣，甚至更深的思考。

《海南周刊》：您写了这么多书，以及书中旁征博引的浩瀚气象，比如《故宫的风花雪月》等，让人好奇：您是如何积累起如此庞大的知识库的？又是如何在凌乱的事实中搭建它们之间隐秘的联系，将它们融会于笔端的？

祝勇：因为好奇，就会关心。就像现在许多年轻人，对明星八卦感兴趣，对明星的八卦可以脱口而出，对答如流，好像那些都是发生在他家里的事。其实他不是背下来的，是因为感兴趣，在不知不觉中"积累"的。

还有人，张口就能叫出欧洲几十位足球明星的名字，每个人踢什么位置，在哪场比赛中进了球，都如数家珍。有人说，有工夫你背点英文单词好不好？记这么多人名有什么用呢？其实他不是背下来的，是在无意中"积累"的，英文单词他不感兴趣，所以一个也记不下来。

对历史也是一样，因为感兴趣，因为有无限的好奇心，所以平时十分注意阅读相关书籍，包括正史野史、史料笔记。昨天以前的事情都是历史，对于所有的历史我都感兴趣，甚至连电视上的革命历史剧也看，因为那也是对历史的一种言说。总之各种历史，正的反的，都看，慢慢的就会积累出自己的知识体系。

更重要的，是要有自己独立的历史观。否则，历史就是一片散沙，就是人云亦云。有了自己独立的历史观，就会有独特的判断，就会在凌乱的事实中搭建它们之间隐秘的联系，像一个好的侦探一样独具慧眼。当然，我是经过多年的积累训练出来的，不是随心所欲、毫无逻辑的。孔子说"从心所欲，不逾矩"，看来这个"矩"，也就是规矩，始终是有的。

《海南周刊》： 著名评论家孙郁说过，祝勇用文学的和现代的眼光去看待那些古代的遗物，把历史话题激活了，写得很漂亮。您的写作，从小的地方出发，从细节处着手，发现历史背后一些非常隐秘的线索。您在写故宫历史的时候，是用怎样的历史观，将故宫历史背后隐秘的线索呈现在读者的面前的？

祝勇： 我写历史，有小，有大。小处，就是你说的细节，我不能虚构，不能忽悠，要写人物的内心，就要从细节出发，因为一个人的所思所想，会通过细节表现出来，因此，我十分注意搜寻历史中的蛛丝马迹。大处，就是你说的历史观，之所以大，是因为写一个人，我要从整个江山，甚至从全球的视角上看。因此，在我对历史的叙述中，场面经常横向拉开，像一部大片，由一个特写，一下子拉成全景，看看一个人、一段史、一件器物，在一个更大的坐标系内，占有怎样的位置。有时，视角一变，我们对历史的认识也会改变。

比如在《盛世的疼痛》一书中，我写到汉匈之战，写到大汉帝国与匈奴之间长达数百年的战争，从匈奴人被迫西征，进入欧洲，写到东罗马帝国的灭亡。这是横向的拉开，我的笔触沿着欧亚大陆，越拉越远。可以说，这一段讲述，从汉长安出发，把整个欧亚大陆置入共同的历史背景下来书写了。

还有一种拉开是纵向的，比如《故宫的隐秘角落》里，有一篇《昭仁殿：吴三桂的命运过山车》，写吴三桂的兴起与灭亡。康熙皇帝与吴三桂的矛盾，实际上是中央集权与地方分权之间的矛盾，这一矛盾已经困扰了中国数千年，是历史赋予他们的，他们想躲避也躲避不了。因此，只有在这样漫长的一个时间尺度内，我们才可能看清康熙皇帝与吴三桂的冲突与较量为什么不可避免。至于吴三桂与陈圆圆的分分合合，儿女情长，不过是裹挟在历史大命运中的个人小命运而已。了解了这一点，更让我们对他们的爱恨情仇唏嘘不已。

其实每个人的命运，都是裹挟在历史大命运中的个人小命运，因此，我们需要对历史的大命运、大逻辑有所把握。这样的写作，不仅需要文学的眼力，也需要思想的根底。

《海南周刊》：您的故宫写作，已经取得了令人瞩目的成绩，引起了读者和学界极大的关注。下一步，您还将从事什么样的写作？

祝勇：尽管在进入故宫以前，我已写过很多作品，甚至写过故宫题材的作品，比如《旧宫殿》，但是在故宫，我才真正找到自己的写作状态。所以，写故宫，不是写作的终结，而是写作的开始。人到中年，写作和生命的积累都恰到好处，所以我十分珍惜眼下的写作时光。

我想写的东西还有很多，主要的，想把《故宫的风花雪月：破译古典书画的生命密码》这一题目继续下去，让艺术与历史、与思想相撞，写一部故宫里的艺术史，所以，相信在不久的将来，读者们还会看到相关的书籍出版。

此外，从 1925 年故宫博物院成立，到今天，故宫博物院刚好走过 90 周年，它自身的历史，也是一部史书，其中历经军阀混战、北伐、国共内战、抗日、解放战争以及新中国成立后历史运动，多少人在里面沉沉浮浮，值得一写。

采访时间：2015 年 8 月 26 日

原载 2015 年 8 月 31 日《海南日报·海南周刊》

采访者：梁昆

紫禁城东北角楼，郑欣淼摄

历史非虚构同样有原创性
——答《辽宁日报》记者问

《辽宁日报》：《辽宁大历史》这本书既不是通常的史书，也不是纯文学作品，这样写一个地域的历史，您是出于什么考虑？

祝勇：《辽宁大历史》的写作，缘于辽宁出版集团的一个动议。当时的集团副总经理俞晓群和辽宁教育出版社副总编辑柳青松都是我多年老友，他们曾经成功地策划出版了《中国读本》。这本书是由苏叔阳先生撰写的，仅用几万字就写出中华五千年文明史，发行量超过 1000 万册，还被译成英、德、俄等 10 余种语言文字，影响很大。所以他们打算以同样的方式梳理和介绍辽宁的历史与文明，就找到了我。

我是在辽宁出生和长大的，18 岁才离开辽宁到了北京，用余华的小说名字来说，就是"十八岁出门远行"。但我一直希望有朝一日能够以自己的方式来书写故乡。如你所说，这不是一部严格意义上的史书，也不是纯文学作品。我希望找到我自己的话语方式，将历史地理、人文思想融合在一起，同时还不失我的个人化视角和叙述方式。总的来说，它是辽宁的传记，让我想起《尼罗河传》，是一种非虚构性的叙述性的文体。

《辽宁日报》：这本书准确的定位是什么？想达到何种效果？

祝勇：当时不知怎样概括这样的一种写法，现在知道了，后来《人民文学》杂志上出现了"非虚构"这个提法，我才知道，它就是非虚构。这种文体因为今年（2015 年）诺贝尔文学奖授给了白俄罗斯非虚构作家斯韦特兰娜·亚历山德罗夫娜·阿列克谢耶维奇而受到更多的关注。

我想这是表述历史的一种很好的方式。以前我们更习惯于通过正规的史书来表述历史，但那样的表述有太强的专业性，读者也以历史研究者为主。我希望我的文本具有可读性，既要会讲故事，又要有人性的温度、历史的深度。这种写法并非不"正规"，我也希望它能够为更多的人所接受。

《辽宁日报》：辽宁的历史悠久，本书为何从万历年间写起？内容的取舍标准是什么？主要依据哪些素材？

祝勇：既然是叙述性的文体，叙述的方式就显得重要了。写这样一个浩大的主题，开场是最难的。这本书从万历十四年万历皇帝的一个噩梦写起，是为了让作品有悬念，增加戏剧性，来摆脱那种平铺直叙的方式，从头至尾写流水账。这是文学作品的写法。但更重要的，以万历皇帝为开头，我是希望站在一个大中国的视角下看辽宁的历史。后面在许多处，比如讲"科斯定理"，也就是游牧民族与农耕民族的文明冲突，以及甲午战争、冷战下的现代化等问题时，甚至放在全球化的框架下叙述。放宽我们的视界，许多事情才看得最清楚。所以我用万历来开头，不能困在辽宁说辽宁，而是要引入一个外在的视点。

至于内容的取舍，这当然很难。对于如此漫长的历史，篇幅上显然不能平均分配。一二三四、甲乙丙丁，这种写法是史书的写法，讲求全面，不必顾及可读性。但这本书不同，我要把历史写活，把这块土地当成一个生命来写，所以只能像韩愈所说"记事者必提其要"，像写一个人的传记那样，选择一些重要的片段，按照共同的线索组合在一起，所以要敢于放弃。

《辽宁日报》：都放弃了哪段历史？

祝勇：比如说抗日那段历史，讲了沦陷、抗联等，进行了一些私人采访，搜集了一些新颖的史料，但没有写伪满洲国的历史——那段历史太复杂。这部书我越写越长，全稿已经达到了 36 万字，远远超过了原来设计的篇幅，所以不能面面俱到了。后来辽宁教育出版社出版的《辽宁读本》有十来万字，几年后，我把全稿交给了东方出版社，改名《辽宁大历史》，放进了"祝勇作品系列"。但无论怎样，没有涉及伪满洲国的历史，对我来说还是遗憾。我在北京故宫工作，沈阳故宫，还有伪满洲国的皇宫，都与北京故宫的历史有相关性，希望以后能够有机会研究和书写它们的历史。

《辽宁日报》：从这本书里，我体会到您个人化的努力，您是怎样将个人色彩与历史事实进行有机结合的？

祝勇：有人对历史非虚构这种写作方式提出质疑，认为这不过是抄书而已，实际上是对这种文体缺乏起码的认识。历史非虚构同样有原创性，因为它体现了写作者对历史认知的独到之处，体现出写作者文本的创造力，体现出写作者对历史素材进行提炼和再造的能力。这一点与从事现实题材写作的作家们要从浩大的现实生活中寻找和提炼素材没有区别，而且，因为历史已经久远，许多材料都已经湮没，搜寻素材的工作更加艰巨，而对历史的提炼，更是一种考验。历史已经被书写过很多次，我们如何去书写，体现出我们的历史观和对历史的把握能力。历史本身不会改变，但对历史的认知与表达却是不断进步的。这种原创性，赋予历史非虚构写作无可比拟的价值，使当代人与历史的对话能够持续下去，不断被翻新，也让这种文体发展至今。

所以，我要在我的历史书写中透露出写作者的历史观。我相信，我的历史观，在一定程度上也是这个时代的价值观。当然，我要把这些掩藏在故事的背后，尽量不去赤裸裸地表达自己的立场。有人说这部作品体现了我对于打通文史哲所做的努力，我是希望在自己的文字中，它们能够浑然一体。

《**辽宁日报**》：这本书，您最得意的手笔是哪部分？对于读者，您希望他们最应注意哪些地方？

祝勇：我觉得对甲午战争的那段追述比较动情，比如 1881 年，李鸿章孤瘦的身影出现在旅顺口，苦心孤诣地打造帝国的钢铁防线，最终还是一败涂地；张作霖与孙中山的会晤，张氏父子为维护中国统一所做的努力，建设东北所取得的成就；九一八事变后沈阳人的处境与抉择——我查找了许多亲历者的回忆录，也采访了当事人的后代，非常的真切，比如王镜寰这个人物，即使辽宁人也感到陌生。他时任东北行政和财务总管，兼任中华民国外交部驻辽宁特派员，是负责东三省外交事务的最高官员，在九一八事变后从日本人的控制下逃走，抛下妻儿老小，孤身入关找到张学良。这一段传奇，我是采访了王镜寰先生的孙女王玲女士才得到的，以前没有被书写过。

总之，书既然写完了，就交给读者们评述吧。

采访时间：2015 年 12 月 20 日

采访者：王云峰

写于文而缘于史

——答广东东莞《文化周末》杂志记者问

历史之于祝勇，不仅仅是冷冰冰的人物简历，不仅仅是陈列于展厅的文物，也不仅仅是巍然于时光长河中的古建筑，而是一个个可以进行对话交流的朋友，是有血有肉的时代灵魂。

祝勇是一个多面高产历史作家，他是反抗传统散文的"新散文"干将，《纸天堂》《故宫的风花雪月》等散文集让人耳目一新；他是纪录片的总撰稿人，主创历史纪录片《辛亥》《1405，郑和下西洋》等多部大型纪录片；他是关注人类心灵的历史小说家，出版了长篇历史小说《旧宫殿》《血朝廷》等。2011 年，他进入故宫，成为故宫博物院故宫学研究所的一员。身处历史现场的祝勇，潜心文化散文的探索，无论是写古建筑还是故宫珍品，他的写作始终围绕历史背后的人和事细细展开。

12 月 17 日，祝勇莅临东莞文学艺术界联合会第 29 期文学沙龙，开展了题为"《故宫的风花雪月》与历史散文创作"的沙龙讲座，和人们分享了他多年来历史散文创作的根脉，并表示，只有将个人陌生化的个体经验放在更开阔的历史维度中，才能写出更高的境界，也才能体现更高的文学价值。

读史，更是读人

祝勇 20 世纪 90 年代就开始慢慢转入历史写作，在祝勇看来，这似乎就是一种天然的兴趣。小时候，因为父亲很喜欢看书，祝勇家里的藏书有很多，且在那段时期能看到的书就只有历史书，二十四史、明代李贽的《焚书》《续焚书》等，他都是从小接触。"尽管没想到以后会从事和历史联系那么密切的工作，但历史对我始终有着潜移默化的影响，每每见到历史遗迹符号都感觉十分亲近。"历史对于祝勇来说，就像是他成长的一部分，根植于每一个细胞中。

进入故宫后，祝勇的历史写作由自发自觉对历史的关注，转变成他的一项工作和日常生活的一部分。在祝勇眼里，故宫不光是金碧辉煌的故宫，同样也是残垣断壁的故宫，更是有故事的故宫。推屋及人，推物及人，他能感到在任何一间房屋、一个物件的背后，都有不同人的痕迹与故事在里面。"我对一个茶杯是哪儿制造出来的、怎么制造出来的兴趣不大，我感兴趣的是谁曾经使用过它。"祝勇觉得"文字中若是只有物的呈现，是没有感情的，是空空荡荡的"。

于是，祝勇在这些历史面前，他关注得更多是每一个走在时光中的人物，每一个独一无二的灵魂。他读史，实际上也是在读人。"我愿意把历史的人物当作一个个活人来看，会想象他们的精神处境和他们在这个处境之下的反应，不仅仅把他们当成知识层面的存在，而是有着心对心的交流。不管什么人都是可以交流的，大家、大师，抑或皇帝，好人抑或坏人，只要是人，就存在一种交流的可能性。"因此在祝勇的著作中，人们看到的不是一个个历史的知识卡片，而是他通过方方面面的资料来证明这个人存在的状态，这些状态从生活的点点滴滴提升到人精神的复杂性。因此祝勇在故宫写的东西跟其他专家也有所不同，在他眼里紫禁城就是生命体，是明清两代帝王的宫殿，建成近 600 年间，这些建筑是他们生命的容器，所以历史学家和文学家最大的区别还在于，文学家不能只见器物不见人，文学的根本目的是关怀人。

写史，细微处观其纵深

"我偏爱历史文学的写作，就是因为历史本身给了我们巨大的资源，只有面对更宏大的时空背景时，人类的生命才能到更广阔境地，文字也才有力量。"沙龙现场，祝勇以鲁迅笔下的祥林嫂为例，表达了历史意识在文学创作中的重要性。祥林嫂如果是作为个体对自己的经历絮絮叨叨，那就只是停留在个体经验上，但如果是鲁迅将祥林嫂作为一个文学形象来写，他是面对全人类的，他的"絮叨"便有了一个文化的高度。

在祝勇的创作中，实现这样的文化高度，往往是通过鲜明的历史人物形象，他对于人物的描写总能够抓住最细微、最隐秘的细节去切入，让他笔下呈现的历史都有着鲜活的"人气"与饱满的性格呈现。

前两年出版的《故宫的风花雪月》散文集，祝勇便是把书画作为一个进入历史人物的载体。他看待古人的书画，并不是通过美术史的角度，而是关注书画中遗留下来的很多细节，在这些细节中去发现历史的蛛丝马迹，去发现人精神的演变过程。他认为，历史流逝在岁月长河中面目也已不再清晰，但古人留下来的书法绘画作品是真实的，一笔一画都渗透着作者的潜意识，从这些书画的精神层面出发便可以发现很多不易被人们所察觉的隐秘。

这样的细节把握在祝勇的小说中也有着充分的体现。在《血朝廷》一书中，祝勇表现的并不是血淋淋的暴力，而是权力衍生出来的另一种暴力。作品用第一人称来呈现出人性的复杂性，光绪皇帝是书中第一个讲故事的"我"。在祝勇笔下，光绪皇帝不再是人们传统理解中那个怯懦的光绪皇帝。在1900年八国联军打到北京，慈禧带着光绪皇帝仓皇"西狩"一节中，祝勇给出了一个"逃亡途中遇到兵匪，光绪皇帝挺身保护慈禧"的大胆安排。这基于他查阅的大量资料，也因为在他看来，作为一个皇帝，光绪帝虽然落难了，虽然非常恨慈禧，但在后者遇难时，他肯定还是会捍卫皇家尊严的。"我不会篡改历史，但我会通过虚构体现出人物的多面性和复杂性，以及他们命运的可能性。"祝勇说。"历史人物不是一个个简单的、仅用好与坏就能定义的符号，他们是一个个人。"

再回头看祝勇对其所倡导的"新散文"的态度，在《纸上的叛乱》这本散文理论中，祝勇戏称自己是"散文叛徒"，以示自己追求散文写作趋于开放化、更接近人性和人心、更接地气的决心。无论是散文还是小说，通过对大量细节的抓取与思考，祝勇对历史人物的描摹已不再只是展现一个所谓的历史符号，这些人物在祝勇笔下都变成了一个个普通的人，让人们可以在每一个细微的动作背后理解人性的复杂。

践史，让精神复活

游走采风是祝勇创作历史文学的一部分，特别是在进入故宫之前，他经常走在西藏、广西、赣州等中国的热土上。他穿梭于赣州的围屋间，于是有了《围屋记》；他以最近的距离观察西藏，通过对西藏人文、地理、历史等的亲身游历，写出了《西藏：远方的上方》……

每一次的写作，都饱含了祝勇对于心灵真实的追求，在他笔下，没有长篇累牍的理论，没有空洞无趣的说教，有的只是一份份跨越时空、跨越界限的人文精神。祝勇认为，文学不是科学，目标不是得出结论，而是揭示生命的状态，发现人内心的隐秘。而他正是在无数的史料、艺术、实地考察中将一个个已逝的人物立体地还原。

祝勇对北宋词人苏东坡有着很深的情结，在讲座及采访中，都多次提到苏东坡的作品及其一生的经历。而他的这种情结源于对苏东坡有着全面的认识，他熟悉苏东坡每个时期的作品，甚至走过许多苏东坡曾经走过的路。祝勇表示，只有走过一个人走的路，才能对这个人的一生及他生命的情感有更深入的了解，才能更深入地理解作品背后的内涵价值。

苏东坡被贬岭南，要从长江进赣江，翻越南岭，然后到广东，再从广东过海南。这中间无论南岭还是鬼门关，都是十分难走的路，祝勇走过赣州至少三分之二的路，还亲身体验过鬼门关的凶险。祝勇回忆起当年徒手攀越险象环生的鬼门关时还是难掩内心的震撼："苏东坡60岁时过的鬼门关，我攀越时是30多岁，当时就可以真切地体验到苏东坡当时的处境。他远离了当时中华文明的核心圈，就像雨伞上面转出来的水滴一样，越离越远，而再看回他的诗词，他的书法，和他的那些调侃，便会被他内心那种强大乐观的精神所折服，这种感受也因为现实的对比变得更加鲜活。"苏东坡如是，许许多多的历史人物亦如是，一次次的实地考察，即使物不在人也非，但历史、人物的精神却一次次在祝勇心中复活。

对历史的考察，祝勇不放过任何一个细节，特别是当他作为纪录片的总撰稿人时，对于史料的搜寻和细节的艺术呈现更是充满挑战。如在大型历史纪录片《辛亥》里，他通过一场鼠疫来拉开辛亥的历史序幕，片子一改纪录片给人的刻板形象，史观现代，充满感情，对历史人物的塑造既接近真实，又不落俗套，表现出了当代中国人对于这一段历史的思考成果。因此他撰稿的多部历史纪录片，先后荣获了第21届中国电视星光奖，第25、26届大众电视金鹰奖优秀纪录片奖，中国十佳纪录片奖等多项荣誉，得到了业界与观众的认可。

"做《辛亥》的时候，我带着剧组去中国国家图书馆看大量的清代报纸，去感觉清朝是一个怎样的境况，而绝不仅仅是表现'割地赔款，丧权辱国'这些很虚的东西，必须有真切的体验。清朝的报纸上有广告，广告就透露了当时有哪些商品，受众是哪些人，诸如此类的细节都是我们了解那个时代的资源。"祝勇像一个历史侦探一样，游走于历史的沙滩上，拾起每一颗有价值的贝壳，也正是在这样庞大的工作量中实现着他独特的表达视角。

祝勇每一次与历史的对话，都体现出他对人的情感、生命、精神与灵魂的关注，正如当他谈到网络文学与传统文学时，他认为两者不在于载体的不同，而在于性质的不同，传统文学更多的是关注人的内心。熟悉的故宫，熟悉的人物，熟悉的字画，而祝勇的文学呈现中所带出的新奇在于，那永无定论的心灵真实。

《文化周末》：您曾说不管什么样的人都存在交流的可能性，但这样的交流毕竟跨越了漫长的时间长河，您是否觉得有距离感？

祝勇：其实一点儿也不妨碍，面对苏东坡、黄庭坚的书法时，我就觉得这个书法刚刚写完，这个人还在这个地方，非常真切，不存在距离感。我觉得这就是文化的价值，也是这些艺术品价值的体现。正是它们给你提供了一个交流的可能性，如果没有这些艺术品，你会觉得这个人非常遥远，就像我们读唐宋的诗词、明清的历史，也会觉得这些东西离自己非常远，但当你看到他的书法或书画时，就会觉得这个人的呼吸好像还存在于这些作品中一样。

《文化周末》：您在历史的纵深中穿梭，当再回归现实，看待现实问题时，会有怎样不一样的视角？

祝勇：历史增加了你的纵深，也增加了你的见识，人在一生中见识毕竟是有限的，在这样的纵深间，前人经验的积累，前人对生命做出的一些对策对我们是有启发的，不然我们每个人生命的过程就会多了许多无谓的重复，实际上很多历史经验给我们提供了一条捷径，读史明智正是这样的道理。

《文化周末》：在历史的挖掘写作过程中，如果再转入现实写作是否会有更高的立足点？是否有考虑过现实部分的写作呢？

祝勇：现实部分实际上很难驾驭，中国当代现实也有很多好的素材，但我们置身其中，不识庐山真面目，提炼升华就变得很难。但实际上现实题材的好作品还是有的，像西方 19 世纪以来很多批判现实主义作家便有着这样的能力，像英国作家狄更斯的《老古玩店》《双城记》等，这些都是反映他们那个时候现实非常好的作品，这些作品现在也还适用，他们笔下那些人物到今天都还有很大的现实意义。但这样的高度是不容易达到的，过于平面便很容易在时间的大潮中被淹没，意义不大。对于历史，我们可以站在一个很远的位置去看待这些事件和人物，可以更超脱些，但其难度在于很多东西已经被言说过了，但我还是喜欢这样的挑战，在这些熟悉的题材中写出陌生的感觉，表达我独特的感受和发现。

《文化周末》：现在也有很多历史题材的电视剧和电影，是否有过参与其中的打算呢？

祝勇：我有这个表达的冲动，但像一些有很厚重历史关怀的戏已经越来越没市场了，那种带有一种精神关怀的博大地去书写历史的作品越来越没人看了，现在许多的大历史戏都流于表面，流于家长里短，但却被观众所接受。前段时间演员唐国强在采访中也表示了这样的疑惑，他演过雍正皇帝，演过毛泽东等许多的历史名人，但他说他自己演过最满意的人物是颜真卿，但这部剧至今也没有播，因为没有受众而卖不出去，他也表示不明白为什么这样一个代表我们民族文化，能够传递正能量的作品却没有人看。所以时代就是这样，不是你想写就能写的，多少有些荒谬。我也很希望除了市面上这些偶像历史剧外，中国能够真正有些历史关怀、历史情怀，能够反映中华民族精神的剧，传递更多的民族内涵。

原载广东东莞《文化周末》杂志

采访者：尹依

新疆最美的，是人

——答《新疆经济报》记者问

《新疆经济报》：您此前既参与过《辛亥》《历史的拐点》《苏东坡》等多部历史纪录片的创作，也曾担任《西藏往事》学术主持人，无论是影像，还是文字，中国的历史人文始终是您关注的主题。如今，《天山脚下》作为您创作的又一新的地理坐标，请您谈谈这部纪录片创作的缘起。

祝勇：《天山脚下》是由国务院新闻办公室监制，并与中央电视台共同出品，新疆维吾尔自治区党委宣传部和新疆电视台协助拍摄的一部纪录片，主要以纪实的方式，通过普通人的生活，展现新疆自然人文的巨大魅力，展现新疆人的精神风貌。在这之前，国务院新闻办曾经监制，并与中央电视台共同出品了两部以边疆少数民族为主题的纪录片，就是关于西藏的纪录片《第三极》和关于四川藏族地区（甘孜和阿坝两个藏族自治州）的纪录片《香巴拉深处》，取得了很好的口碑，不仅获了许多奖项，更是得到网友的追捧。《天山脚下》是国务院新闻办和中央电视台继这两部纪录片之后合作的第三部以边疆少数民族为主题的纪录片。

《天山脚下》是 2016 年 7 月开机拍摄的，之前，本片的总制片人之一、中央电视台的颜占领老师找到我，他也是《第三极》《香巴拉深处》的总制片人之一，对拍摄制作边疆题材纪录片很有经验。他对我们拍好这部纪录片很有信心。

《新疆经济报》：新疆占中国国土面积六分之一，其最大特点是多民族共居，交往交流交融，这已成为新疆的基因，穿越古今，自成大美。您作为大型 4K 超高清人文地理纪录片《天山脚下》的总导演，对您所说的"新疆的美，隐含着中华文化一些最基本的理念和智慧"这一说法，是如何理解的？

祝勇：我一直对历史地理感兴趣，最近有一部散文集《中国册》交给译林出版社出版，就是讲中国的历史地理的。我曾经去过中国许多地方，像西藏、四川藏区，都基本上跑遍了（只有阿里等少数地区例外），唯独新疆，除了楼兰以外，都不曾到过。新疆的面积太大，占整个中国的六分之一，历史太渊厚，文化太多元，没有足够的知识储备和情感准备，不敢去碰触。但或许因为对我来说它太神奇、太神秘，我反而有表达它的冲动。而对于西藏，我太熟悉，而有了一份平常之心。我一直等待一个机缘走进新疆，没想到，这样的机缘，随着一部纪录片而到来。

其实我对新疆一直心向往之，也曾在创作里触及新疆。我在26集历史纪录片《历史的拐点》（中央电视台）写到汉武帝，我在我的历史散文里，也写到过李白（《纸上的李白》）。汉武帝是一个对空间特别敏感的皇帝，他曾派张骞通西域，史称"凿空"；也曾派卫青攻入匈奴王庭。他的政治视野，在帝王中前所未有。而对李白来说，新疆，尤其天山，都是他诗歌的重要主题，比如他写"明月出天山，苍茫云海间""五月天山雪，无花只有寒"，诗句里呈现出的巨大的空间感、苍茫感，在中国文学里也前所未有。汉唐的气魄、中国人空间视野的拉开、精神与情感的熔炼与沉淀，天山，乃至整个新疆都是一个不可或缺的元素。它们使源于内陆的中华文明始终处于一种开放的机制下，通过与外部世界的接触不断调试和完善自我，使自身的文明变得更加强大，即使在当下，仍然以"一带一路"的方式，为中华文明的伟大复兴提供动力。因此新疆不是一个普通的地方，天山也不是一座平常的山脉，它与历史相连，与情感相连，与我们每个人的命运相连。

《新疆经济报》：《天山脚下》作为一部人文地理纪录片，展现出新疆自然环境和人的生存样态，以及人与自然的生命之美，画面及人物细节有血肉，有呼吸，有情感，很打动人。请您具体谈一谈这部纪录片所具有的"文学性"。

祝勇：我不希望我的纪录片太流于技术化。技术是重要的，比如在摄影中运用延时摄影、定点摄影，还有一些特效摄影。这是当下纪录片常用的套路。在这部片子中呈现新疆的"视觉奇观"尽管也不容易，需要花足够多的时间去等光线、等气候，但更难的是展现人的内心世界，否则，再优美的景色也是空的，一部纪录片，就成了风光摄影的集合，对新疆的表现是空洞的。

我说的"文学性"其实很简单，就是表现人。周作人先生在"五四"时代就提出过，文学乃人学。科学是人类认识世界的工具，文学则是人类认识自我、表达自我的媒介。文学能使身处不同时空的人们实现对话交流，除了文学，不会有其他任何方式能够做到这一点，就像诗歌，使今天的我们与唐代的李白通过诗歌进行交流，仅这一点，就足以显示文学的伟大。文学在今天被边缘化了，有人认为文学没"用"，但我相信只要人存在，文学就有"用"，而且比其他任何"学"都有"用"。

要深入地表达新疆，就一定要表达新疆人，深入到他们精神和情感的深处。我在《天山脚下》的宣传片里写，新疆是风景的长廊，但新疆最美的，是人（已在中央电视台综合频道滚动播出）。其实新疆最有魅力的，也是人。我想让这部纪录片不只是打动感观系统，更能够打动人心。

我们拥有国内最优秀的摄影师，我们也会为一个镜头而等光线，在鄯善的沙漠里拍摄移动延时镜头，助理导演李跃林在摄像机轨道上贴上了很多刻度，蹲守在轨道边，每隔一段时间按照刻度移动一下摄像机，自己暴露在烈日阳光下，在摄氏五六十度高温中一待就是几个小时。但镜头的考究只是一个方面，我认为准确把握人物的状态、情感才是最重要。为此，我们宁愿舍弃构图的精美、光线的考究而进行跟拍、抓拍。在我看来，反映人最真实的状态，才是纪录片的本质。纪录片之所以能打动人，是因为镜头里的人物状态都是真实的流露，而不是表演。

《**新疆经济报**》：新疆的美丽，蕴含于大量的鲜活的细节中，也蕴含于大量的中肯的言论及故事中，就像一座雪山，一面湖水远远就能看到和触摸到，可是要想真切地看到多民族共居的新疆人的日常生活，就需要长期的浸润和近距离的凝视，需要对这方水土充满丰沛的感情和持久的热爱，请问，在这一过程中，最触动您的一件事是什么？

祝勇：我们在新疆进行了一年半的拍摄，走过了北疆南疆，经历了酷暑寒冬，对于新疆而言，只是沧海一粟，但我们这个摄制组，几乎把全部的情感都贯注到这一年半里，悉心感受新疆的魅力，倾听天山的心跳，有太多太多平常的瞬间感动我们，让我们永难忘记。比如我们在喀什拍摄时，我们要跟拍一位每天去百年老茶馆的茶客，一位有着白色山羊胡的维吾尔族大爷。我们跟着他来到他住的村子里，拍摄完成，我们行将告别时，一位邻居大爷把我们叫住，要我们等一下。由于语言不通，我们不知道他想做什么。等了片刻，我们从拍摄对象的院子里走出来，看到远远一个瘦小的身影在朝我们跑，快跑到跟前，我们才发现是刚才那位大爷，两手抱着一只口袋，口袋里装满了核桃，要我们带上。我们坚决不收，陪同我们的干部说不收大爷会生气，我们就用双手接过一些。大爷拼命往我们手里倒，许多核桃掉到了地上。在我们整个拍摄过程中，这样的事情不胜枚举。我想说的不是新疆百姓的热情好客，其实我们不是客，他们把我们当作朋友，甚至亲人。像我们在塔尔库尔干拍摄的小姑娘夏衣达，现在还不时把她在睡前唱的歌通过微信发给我们。大都市拉远了人的距离，但在新疆，人与人之间没有陌生感，让远在异地拍摄的我们有了一种回家的亲切感。所以我们片子第一集的名字，叫"家园"。我们把我们在这一年半里的拍摄经历剪成了一部花絮，作为这部纪录片的第六集，会在央视网上播出。制片人颜占领老师为这集花絮起的名字是：我们都是新疆人。

《新疆经济报》：读者所了解到的祝勇是多面的。您著书立说，已出版作品500余万字；主创历史纪录片多部，为《历史的拐点》《辛亥》《利玛窦：岩中花树》《苏东坡》等大型纪录片做总撰稿。同时，您作为故宫博物院的研究人员，又是故宫影视所的所长，在学术上也有深厚造诣，著有《故宫的古物之美》等多种著作，这种综合的知识结构及丰沛的创造力令人叹服，请问您是怎么做到的？

祝勇：首先是热爱吧，因为热爱，才有动力，一直做下去，不计得失。第二是我惜时如金，甚至在我眼里，时间比金子更宝贵。比如，我不开车，经常坐地铁，因为假如不是赶上高峰时段，地铁一般都有座位，我可以在地铁上看书，一个小时的交通，时间不会白白浪费。而无论自己开车，还是坐别人的车，都不能看书，时间都是白白浪费的。我平时出行，包里都带一本书，去异地，则随身带电脑，包括到新疆拍摄，这样即使飞机延误我也不着急，因为有事照样干，什么也不耽误。比如有一次去喀什进行拍摄前的调研，离开时遭遇大雪，我在机场困了10个小时，但我很淡定，那10个小时，靠一台电脑，做了不少事情。

第三，是许多事情是相互有关联的，像一座大厦，有各种回廊、通道、楼梯，但整体上构成一座大厦。其实一个人的创作，不论是哪种类型的创作，都与历史学、艺术学、人类学、民族学、民俗学、地理学、植物学等一大堆的学科相关。一个从事创作的人，精神的空间不能太狭小，不然他就成了井底之蛙。无论写作还是拍摄，都需要有一个庞大的知识体系，这样当我们聚焦于某一个具体主题时，才能有更大的视野、独特的视角，收放自如。我一方面写作，另一方面拍纪录片，其实这两方面是互动的，不是各自独立。比如我研究故宫收藏的艺术品，其中就有李白的书法作品《上阳台帖》，著名收藏家张伯驹先生认为此作是真迹，李白的书法真迹，今天全世界只此一张。李白是从唐朝的碎叶城出发，经过天山，进入黄河流域的。了解新疆，才能真正理解李白，理解《上阳台帖》里的那种明媚与博大。同理，历史和艺术的视野，对于纪录片的拍摄也是重要的，能够使它不至于流于浅薄。

《新疆经济报》：新疆生活一直被描摹成"远方的生活"——这是一种来自外部的视角。这种"遥远而美丽"的概念，来自纪录片、明信片、旅游海报——您作为《天山脚下》的总导演，历时两年在新疆大地风尘万里地行走，近距离地触摸草原、戈壁、雪山，以及这片土地上多民族共居的人。那么新疆对您这样一个外来者来说，意味着什么呢？

祝勇：新疆当然包含着太多视觉的奇观，是摄影家的天堂，但并不是每个人都一定要摄影，新疆也不是猎奇的对象。对更多的人而言，新疆是伴随他们生长的地方，犹如我们的父母，我们的筋骨血肉来自他们，我们的生命情感来自他们，无论贫穷还是富贵，我们与父母，都成了彼此的一部分，不愿分离，也无法分离。

采访时间：2018 年 7 月 2 日

采访者：南子

从建福宫延春阁上北眺神武门，郑欣淼摄

我的梦想，
是早日写完"故宫三部曲"
——答《华西都市报》记者问

《华西都市报》：新疆是一个复杂体，政治的，地理的，文化的，都不容易把握。作为纪录片《天山脚下》的总导演，请您概括一下，这部纪录片的整体创作思路是怎样的？

祝勇：我做了这么多年纪录片，新疆是最难把握的一个主题。这首先是因为新疆太大，太多元——地理多元、民族多元、文化多元，很难一下抓住它的特征，或者说，它的特征，就是多元。但我们知道，从事艺术创作最难的就是大而化之，找不出具体的形象。我们很难找出一个符号来表现新疆。

我们片子的名字叫《天山脚下》，我就想到，无论天山顶上的天池，还是终年不化的冰川，都是水。我想，水可以做片子的主要符号。新疆是亚欧大陆上距离大海最远的地方，但新疆并不缺水，在沙漠戈壁深处，暗藏着一片片绿洲，就是因为有水的滋润。天山顶上的万年冰川，是巨大的立体水库，冰川融水，化成伊犁河、塔里木河这样的滔滔大河，也通过新疆人挖掘的坎儿井穿越沙漠，渗入田园。北疆冬日的大雪，给许多观众留下深刻印象，其实那也是水，固体的水，大雪的阵势，丝毫不逊于春天里猛涨的大河。水在新疆以不同的形式存在着。新疆百花盛开、瓜果芬芳，也都是水化育成的。新疆的人、新疆的艺术，也都是水化育的，新疆人的性格奔腾如江河，透明似湖水。新疆的城市濒河而建，佛教洞窟也大多选在远离人烟却靠近水源的山谷，新疆的文化，更如滔滔大河。所以，这部纪录片里的许多故事都与此有关，比如第一集里的羊群过河、孩子跳雪、高山滑雪、福海捕鱼等，都与水有关。片中地名字幕的 logo，鲁迅美术学院的祝苇杭同学选用了电子地图上的地点标志，同时它也是一滴水的形状，用以概括我们的主题。

当然，这部纪录片不是纯自然类纪录片，我们需要通过人，来表达新疆的特质、新疆的性格。或者说，新疆的上述特点，都体现在人的身上。我们把镜头对准了新疆人，通过他们的故事、情感，来表现新疆。水孕育了生命，我们歌咏生命，也就是赞美了新疆，赞美了这块土地。

《华西都市报》：看《天山脚下》，感觉出您是用文学的方式在做影像作品，有些细节非常好。比如牧民转场、母羊找子，很温情很真实，看了自然而然对当地人有了理解。果然好的艺术对人心有弥合作用，具有润物细无声的效果。但是这样的纪录片对读者是有要求的，要求读者得有一颗安静、平和、好奇、没有偏见的心才能真正领略它的内涵。

祝勇：你说的刚好是我的初衷，就是以文学的方式拍摄影视作品。实际上文学可以说是艺术的母体，许多艺术门类，都需要站在文学的肩膀上，比如戏剧、电影、音乐，甚至美术，才能飞高飞远。中国最早的绘画，就是叙事性长卷，像东晋顾恺之的《女史箴图》《洛神赋图》，而且，直接改编自文学名作，即西汉张华的《女史箴》、汉魏曹植的《洛神赋》。文学的作用是关照人的精神，假如没有文学性，影视作品也会失掉灵魂。我希望在纪录片中注入文学性，不仅因为我多年从事写作所形成的对文学的偏好，更是出于纪录片自身的需要。说白了，纪录片不是百度百科，也不是猎奇影像（我们的片子因此没有走向影像猎奇的一路，尽管那样容易博得眼球），纪录片也要感人，也要关照人的精神世界，只有注入文学性，纪录片才能达到这个目标。总制片人颜占领找我导演这部纪录片（他也是《第三极》《香巴拉深处》的总制片人），是他首次与作家导演联手，也是想赋予纪录片更多的文学气质。一部好的纪录片，创作和观赏都需要投入，浮躁了不行。

《华西都市报》：在一个影像技术低门槛、娱乐短视频泛滥的时代，用文学、耐心的方式做影像，这需要很大的勇气。因为有要求就会有欣赏的门槛，在收视率上会出现曲高和寡的危险。您是怎么看待这个问题的？

祝勇：纪录片的技术门槛的确比较低。其实技术层面的东西，是相对容易达到的，最难达到的，是艺术的境界、精神的深度。前些日子去看黄永玉先生，黄永玉先生说，艺术这东西，务实的部分容易，务虚的部分最难。我理解他所说的务实与务虚，务实的是指技术层面，务虚的是指精神层面，后者抓不住摸不着，却决定着作品的高下。就像写作，几乎没有技术门槛，只要识字、会用电脑（或笔）就可以写，写出的作品却千差万别，大师的作品，我们永远无法企及。

至于曲高和寡，纪录片目前在中国还属于小众艺术，观众正在培养中，不像在西方，已经形成了成熟的纪录片市场。在中国拍纪录片基本上都是赔钱的，但好的纪录片，有着非同寻常的艺术品位和观赏价值。我相信好的纪录片一定会受到观众热爱的，与其看一部三流的故事片，不如看一部一流的纪录片。具体到《天山脚下》，7 月 2 日晚上 10 点半在中央电视台一套首播，遭遇了世界杯八分之一决赛巴西和墨西哥的比赛，但在这种情况下，酷云 EYE 数据显示收视还是居于同时段全国电视排名（包括央视各频道和全国各卫视频道）第五。7 月 9 日开始每晚 6 点 15 分在中央电视台四套重播，与世界杯比赛的时间错开，酷云 EYE 数据显示收视排名上升到全国第二。一部纪录片，取得这样的收视排名，十分不易，说明在中国还是有许多热爱纪录片的观众。只要拍得好，就不存在曲高和寡。当然我不是说我们拍得好，这部片子还有许多不满意的地方。

《华西都市报》：在整个拍摄制作过程中，总体感触是怎样的？可以讲述一件让您印象最深刻的事情吗？

祝勇：感触最深的是新疆人对生活的热爱。我们知道新疆

有许多美食，就是他们无论身处何种自然条件下，都能
创造出最佳的生活方式来犒赏自己，让生活有滋有味。这
方面的例子片子里有很多，比如在火焰山下的葡萄园里睡
觉，福海的冬季捕鱼，等等。我举一个没有拍到片子里的
例子——在库车调研时，我随便到自由市场上转转，就看
到新疆传统的冰激凌，是在冬季的时候，爬到冰山上取冰，
挖地窖存起来，可以一直存到第二年夏天，再一块一块取
出来，加上奶油、白糖、葡萄干等各种配料做成冰激凌。
新疆人在没有电冰箱的年代就有自己的冰激凌了。现在的
市场上，还有人在卖这种传统的冰激凌。这样的例子，在
新疆俯拾皆是。我想起故宫里的冰窖，也是挖出来的地窖，
有两米厚的砖墙。清朝时，宫廷在护城河上取冰，存入冰
窖，冰块可以放到第二年夏天，用来给皇帝、后妃制作各
种冷食、饮品，也可以放入"冰箱"（木制的箱子，有漂
亮的造型和装饰，用来放冰，是名副其实的"冰箱"），
给室内降温。但那是给帝后专享的，在新疆，这却是老百
姓的"福利"。

《华西都市报》：您的散文、非虚构写作，是非常领先的。
在作家进行影像创作领域，您又领先很多。是怎样的契机，

让您开始了影像创作?

祝勇: 其实我创作文学作品和创作纪录片的时间差不多长。我大约 2000 年前后参与北京电视台纪录片主创,和作家张锐锋合作创作一部 50 集纪录片,同时开始写作一个实验文本,叫《旧宫殿》。此前的 20 世纪 90 年代出过几本书,但写得不成熟,我把那时的作品都看作习作,是学习写作阶段,为正式写作作准备。《旧宫殿》才是具有原创价值的作品。

此后就进入了文学写作和纪录片创作两种艺术形式的互动阶段,正因有了《旧宫殿》出版,2004 年中央电视台才会找上我,创作大型历史纪录片《1405,郑和下西洋》。此后文学和纪录片就像一只船的两支桨,推动我的写作一路向前。有些题材,我既有书,也有纪录片,比如纪录片《辛亥》,书叫《辛亥年》,是三联出的,今年下半年将出修订版,更名为《最后的皇朝》,在人民文学出版社出版。还有去年在中央电视台播出的纪录片《苏东坡》,书叫《在故宫寻找苏东坡》,去年还在成都方所办过新书发布会。当然书和纪录片绝非对方的翻版,而是各自独立,又相互联系,形成一种"互文性"。

《华西都市报》：作为作家，近几年您除了写作，还在研究故宫文物，做纪录片导演，参与《辛亥》《历史的拐点》《苏东坡》《天山脚下》等多部优秀纪录片的创作。同时做这么多事情，您的感受如何？这几种工作之间对您来说是怎样的关系？

祝勇：我很享受在这两种艺术形式之间转换，并不会感到混乱，相反，它会给我带来新鲜感，带来创作的激情。不然我可能会陷入一种习惯性的创作中，创作或许早就走进死胡同了。这两种不同的艺术形式，使我的创作处于一种开放的状态，永远在汲取新的营养。比如前几天看电影《动物世界》，就深受刺激。"80后"导演韩延（也是该片编剧）的才华令我倒吸一口凉气，一位电影新人，把许多知名作家、导演都落出好几条街。看完这部电影，让我产生很强的危机感，但重压之下，一部酝酿已久的新书也突然找到了突破口。文学写作是很个人的事，但一部作品的形成，也与作家所处的时空环境脱不开干系。

《华西都市报》：有人已经发现，现在人们对视频这个信息载体非常依赖，对文字的阅读耐心不够。文字与影像，这两种表达载体，各自对您的吸引是怎样的？它们之间应该是怎样的关系？

祝勇：文字与影像，传播方式与功能不一样，各有价值、魅力，可以互相补充，却不能彼此取代。影像的呈现方式更加直观，但影像很难直接表达思想，只能把思想放在形象的背后，曲折地表达。文字则可以大段大段地铺展，所以思想深刻的文字，尤其是哲学性、思辨性文字，影像很难取代。

影像的表现比较直观，这既是它的长处，也是它的短板。相比之下，文字更能调动人的想象力。其实一部优秀的文学作品，作家写完才算完成一半，另一半要读者在阅读中完成。文学名著难拍，是因为一旦影像化，就定于一尊了，与每个人的想象会有出入。现在人们不愿意阅读文字，是因为懒惰，其实是放弃了一种审美体验，是自己的损失。

《华西都市报》：这些年您将文物鉴赏、历史考古等内容，纳入您的非虚构作品的创作中，获得众多读者的关注。接下来，您还有怎样的打算和计划？

祝勇： 对我来说，文字与影像两种创作是一个整体，所以还都会继续。现在我负责故宫博物院影视研究所，还会组织故宫题材的影视创作，其中有些创作会与四川有关，比如关于故宫文物南迁的电影和电视剧都即将启动（抗战时期，故宫将一万多箱文物运离北平，进入四川，成都的大慈寺就曾存放过故宫文物）。我自己恐怕还要拍摄一两部纪录片。

但就我个人而言，我还是更热爱文字，尽管如你所说，很多人已不再有耐心去阅读文字。但在我看来，文字的世界是那么神奇，文字的不同组合，竟然可以创造出那么丰富的世界。

这几年我写过一些关于故宫的散文，像《故宫的古物之美》《故宫的隐秘角落》《在故宫寻找苏东坡》等，在此之前我写过两部关于故宫的小说，就是《旧宫殿》和《血朝廷》，是"故宫三部曲"的前两部，接下来我会完成第三部。我的梦想，是早日写完"故宫三部曲"。

采访时间：2018 年 7 月 12 日

采访者：张杰

故宫之美

The Palace
Museum's
Beauty

叁

在我心里，故宫是这样的一个场域——让我们透过它收藏的文物，同已经消逝的人们进行对话交流。

艺术是才华与人格的结合体

——答《解放日报》记者问

《解放日报》：今年是您书写故宫的第十个年头了，这些年您书写的主题包括了故宫的建筑、古物、隐秘的角落，等等，如今您将目光转向我们生活中最熟悉却日渐陌生的书法艺术。故宫的书法作品，是您一直关注着并计划将其写成一本书的吗？

祝勇：今年是我写故宫的第十个年头，严格来说，是我进入故宫博物院以后写作的第十个年头。其实，在进入故宫博物院工作以前，我已经进行了多年故宫题材的历史写作，比如《旧宫殿》，是 2003 年发表的，《纸天堂》也是进入故宫以前写的。我 2011 年进入故宫工作，至今刚好 10 年。人民文学出版社出版的《祝勇故宫系列》，包含了我 10 年来在故宫写故宫的作品，像《故宫六百年》《故宫的隐秘角落》《在故宫寻找苏东坡》，也包含了进入故宫以前写故宫的作品，像《远路去中国》《最后的皇朝》。刚刚出版的《故宫的书法风流》刚好是第十本书。

《故宫的书法风流》是一部关于故宫博物院收藏历代法书的书。其实我进入故宫工作后写的第一篇文章，就是关于法书的，就是那篇《永和九年的那场醉》，发表在《十月》杂志上，在网上流传很广。从那以后，法书和绘画交替写，关于绘画的部分先结集出了，就是《故宫的古物之美2》和《故宫的古物之美3》，关于法书的部分越写越兴奋，欲罢不能，以至于人民文学出版社催稿了还不准备交。后来发现篇幅已经很长了，这次印出来厚达600多页，再写就不好出了，这才恋恋不舍地交稿。

在我所有关于故宫的书中，《故宫的书法风流》是写作时间最长的一部书。我有一个写作习惯，就是不同的书交叉写。当一部书稿陷入困顿，我就去写另一部书稿，以此来保持新鲜感。《故宫的书法风流》自2011年写起，到2021年，拉拉杂杂，写了10年。可能因为写得沉稳，不急不缓，所以是目前我自己最满意的一本书。

《解放日报》：故宫的书法作品数量众多，您是按照怎样的思路来进行梳理的？

祝勇：以人为核心，然后按时代顺序排列。我写历史，不论哪一门类的历史，比如关于建筑的《故宫的隐秘角落》，写藏画的《故宫的古物之美 2》和《故宫的古物之美 3》，其实都是以人为核心。在我看来，物是历史的表象，人是历史的核心、历史的主体，一切的事件，都是围绕人展开的，所有的物质，背后都是精神，归根结底离不开人。所以，在这些书中，虽然按照时代顺序来排列，但不同的时代（朝代），都要选择不同的代表人物，而不是像书法史教科书那样，先对时代进行概述，然后再找几个人来作例证。时代的风气，其实也是由人来带动的，苏东坡就是一个典型的例子。

《解放日报》：有人这样评价这部作品，与之前的古物书写一脉相承，您把目光投向故宫的书法藏品，却不将目光局限于这些藏品；关注书法艺术，关怀却远大于书法艺术。这其中更远的目光与更大的关怀包含些什么？

祝勇：在《故宫的书法风流》中，我先后写到了秦代李斯，东晋王羲之、唐代李白、颜真卿、怀素、北宋蔡襄、欧阳修、苏东坡、黄庭坚、米芾、蔡京，南宋岳飞、辛弃疾、陆游、文天祥。写他们的命运，更写他们的命运与书法的关系。书法见个性，见时代，见历史。所以我不是就书法写书法，而是把辐射面充分打开，通过书法，去解析一个人的命运，透视他与时代、与历史的关系。

举一个例子吧，在全书的最后一章《崖山以后》中，我写到文天祥。文天祥存世法书不多，有一件叫《谢昌元座右自警辞》。谢昌元是文天祥的长辈，内忧外患之际，曾作《座右自警辞》以自勉。文天祥见了，敬佩不已，不仅抄录了他的座右铭全文，还加了一段评论，表达自己的崇仰之情。但谁也没有想到，就在文天祥写下《谢昌元座右自警辞》3年后，谢昌元投降元军了，他当年的座右铭成为对他莫大的反讽，但文天祥《谢昌元座右自警辞》，落落潇洒，风姿如鹤，体现了文天祥的一身正气，成为文天祥的法书代表作。站在这卷墨稿前，我们崇敬的不仅是他的才华，更是他的人格。在中国，艺术从来都是才华与人格的结合体。在故宫博物院，藏有文天祥《上宏斋帖》，也令文天祥的翩翩风骨跃然纸上。

《解放日报》：对于中国历史，尤其是中国艺术史来说，书法意味着什么？

祝勇：以法书为主题书写故宫，我自认为是一个很独特的视角。原因有几个方面：一、我认为文字是我们文明的核心部分，是民族聚合的纽带，所以秦始皇统一中国，首先要做的就是"书同文"。中国，可以被称为"汉字王国"，就是由汉字凝聚起来的国家。二、汉字书写具有极强的审美性，只有中国人，让"书"上升为"法"，成为一门深厚博大、变幻无穷的艺术。三、在故宫博物院，收藏着历代先贤的纸墨真迹，既让我们领略了书法艺术之美，也拉近了我们与历史之间的距离，让那些曾经发生的历史、业已消失的风流人物，附着在纸页上，重新出现在我们面前。这一点非常神奇，每当站在那些发黄的纸页面前，我都觉得中间的时间被抽空了，我们和历史（人物）处在同一时空内，没有了距离。历史，原来并不遥远。

《解放日报》：通过书法作品，您希望我们看到一个怎样的故宫？

祝勇：故宫让我们看见历史。什么是历史呢？在对历史的所有定义中，我最认同的是英国历史学家卡尔的定义："历史是过去与现代之间永无止境的问答交流。"历史不是一个一成不变的固体，历史是可以交流的，是一个对话的对象。因此，在我心里，故宫是这样的一个场域——让我们透过它收藏的文物，同已经消逝的人们进行对话交流。故宫收藏的文物，尤其是法书，寄寓着先人们的思想、情感、命运，是历史最亲切、最生动、最感人的部分。透过它们，我们可以体会先人的情感脉动，聆听先贤的教诲，从历史中获得能量。

采访时间：2017 年 7 月 27 日

采访者：王一

祝勇：站在故宫，写作整个世界

——答《封面新闻》记者问

2002 年，祝勇写了一部题材跟故宫有关的小说《旧宫殿》，自此无意中开始了他的"故宫"写作之旅。

《故宫的古物之美》《故宫的隐秘角落》《在故宫寻找苏东坡》，等等，一系列与故宫 (紫禁城) 有关的非虚构作品问世，让祝勇的写作已形成了一条非常清晰的脉络线：以故宫为核心根据点，以艺术、历史等不同领域内的触点，不断深挖和发散。有人说祝勇就像一个深入故宫的历史侦探，他觉得这说法虽不是很准确，但也挺形象。"通过文学和建筑的隐秘角度，来逐渐深入到历史时空中探寻人物的命运和历史的真相，一点点拼合成完整的历史拼图。这对我是特别有诱惑力的事情。"

从故宫，发散到整个世界

　　研究历史，如果不注意，容易走上抄史料的路子。作为作家，祝勇时刻提醒自己，写东西一定要有自己独特的角度，并用独特而清晰的语言将之表达出来。北京故宫博物院里收藏着一幅《重屏会棋图》，对这幅名画，自古以来研究者众多。屏风里又画了一个屏风，被普遍认为是这幅画最大的看点。祝勇没打算专门再写此文。但有一天，在工作的院子里，祝勇与学者余晖老师擦肩而过。余老师突然停住脚步，问祝勇：你会下棋吗？祝勇一时还有点迷惑，但他很快明白，余老师是在提醒他注意一个更像是玄机的细节：《重屏会棋图》里的棋子，只有黑子没有白子。这一点拨，祝勇的思路发散开来了：图中这些人物，很可能不是在下棋。那么，那一刻围着棋盘的几个人，在干吗？顺着这个此前罕被人注意到的角度，以及随之而来的问题，祝勇写成了一篇文章，被收入《故宫的古物之美·绘画风雅1》之中。由此他也很感慨，"故宫前院长郑欣淼当时把我调到故宫博物院工作，我真感到特别幸运。在这里，我有数不尽的写作资源，也有太多的学者可以请教、交流。"

优秀的作家往往都有一个聚焦点，像莫言就写故乡，其实很多人都是写自己的故乡，张爱玲、王安忆、莫言、苏童、余华、迟子建等都有自己的根据点。他们一生都在围绕这个据点在创作。曾经的祝勇，也一直在寻找自己的写作据点。他从家乡沈阳出发，到各地去漫游，希望找到一个自己的写作方向。因缘际会，他与故宫相遇了。自然而然就聚焦在故宫。但就像福克纳写自己故乡，同时也是在写世界一样，写故宫也不能仅仅是写故宫。祝勇说，写作既要聚拢，更要发散。时间上从近代可以扩展到整个五千年。空间上则可以从故宫发散到整个中国，乃至世界。在《远路去中国》《最后的皇朝》中，透过故宫这个线索，祝勇追索的是中西方的文化、政治交流史。"故宫是与世界相连着的。厚重的宫墙，并不能把宫殿隔开，使它自外于世界，沦为一座华丽的孤岛。实际上，自元代以后，人类就启动了全球化的进程，有越来越多的外国人，身份不同，心思各异，却一头扎入奔向东方的漫长旅程。"

语言上，展现独特的角度

早在 20 世纪 90 年代，"新散文"开始崛起。与此前散文多写景状物、颂风吟月、抒发小我情感不同，"新散文"家开始对历史、思想、地缘、学术专题（例如建筑学、植物学、动物学、器物学、学术笔记、身体政治、美术史）大举进入，打破专业壁垒的重重限制，进行跨文体、超文本、互文式写作，令人瞩目。而"新散文"的领军人物之一就是祝勇。随着现代读者知识水准的提高，如今"新散文"不断得到更深更广读者层面的认可，也有更多的作家加入了这种写作，出现了一些有实力的散文写作者和非虚构佳作。

身为领军式人物，祝勇也一直没有停止前进。他一直记得博士导师刘梦溪先生关于写作上的一条叮嘱："别人说过的话，不说。"要完全做到很难。但这句话一直作为一条总纲，管着祝勇，促使他的写作，一直在努力追求崭新的角度和语言。比起写小说，写出好的散文、非虚构作品，对作家的知识结构要求更高。因为没有故事情节可以掩盖。祝勇深知，要想把散文、非虚构写好，必须在懂得更多的同时，还要有发现独特角度的敏锐眼光。为了启发自己，他曾专门去看别人在写一个文化地标是怎样进入的。于是他看到罗兰·巴特如何写埃菲尔铁塔。"莫泊桑常在埃菲尔铁塔上用午餐，虽然他并不很喜欢那里的菜肴。他常说：这是巴黎唯一一处不是非得看见铁塔的地方……"

写李白，粉丝旷古绝今

在《为什么唐朝会出李白》中，我们看到祝勇这样写李白，"我去了西安，没有遇见李白，也没有看见长安。长安与我，隔着岁月的荒凉。岁月篡改了大地上的事物。我无法确认，他曾经存在。在中国，没有一个诗人的诗句像李白的那样，成为每个人生命记忆的一部分。"有少年气质的祝勇，写同样是少年气盛的李白，写得很投入。"'举头望明月，低头思故乡''长安一片月，万户捣衣声''黄河之水天上来，奔流到海不复回''两岸猿声啼不住，轻舟已过万重山'。中国人只要会说话，就会念他的诗，尽管念诗者，未必懂得他埋藏在诗句里的深意。李白是'全民诗人'，是真正意义上的'人民艺术家'，忧国忧民的杜甫反而得不到这个待遇，善走群众路线的白居易也不是，他们是属于文学界、属于知识分子的，唯有李白，他的粉丝旷古绝今。李白是唯一，其他都是之一。"

走进李白内心，祝勇选择的线索是：目前发现的唯一存世的李白书法真迹——现存于故宫博物院的《上阳台帖》。祝勇坚信，具体的墨迹是切入一个人内心世界特别直接的一个点。一个人命运的轨迹都留在这上面。苏东坡过世以后，社会上流传着很多苏东坡的书法作品，其中有人就拿着苏东坡的书法作品让黄庭坚鉴定。黄庭坚是苏东坡的学生，是当时苏东坡笔迹最权威的鉴定者。而且不仅能鉴定，他还能告诉你这是苏东坡在什么时候什么地方写的。他可能没有看到苏东坡写下墨稿，但他可以告诉你这些。因为字里面凝结着苏东坡的经历和情感。所以从书法来进入人的内心世界是一个特别好的渠道和窗口。

故宫，一辈子不毕业的大学校

　　祝勇在故宫博物院上班。身为故宫博物院影视研究所所长的他，办公具体地点在紫禁城西北角楼的下面，一个四合院。每天穿越闹市，进到故宫大门里，他顿时就能感到，"气息跟外面不一样。心非常静。有人说，故宫有自己的时间。我深有感受。"院子里有很多树。时令的变化在院子里面的体现很丰富，什么季节什么花开，花一轮一轮地开。如果上班到得早，还能看到有猫在树的下面吃草。对于一个创作人来说，汲取外界信息和营养，是非常重要的。让祝勇高兴的是，故宫是个大学校，哪方面的专家都有，可以随时请教。"真的是一辈子不毕业的大学校。所以我真觉得自己特别幸运。"

　　《封面新闻》：一直围绕一个对象写，会不会遇到审美疲劳的情况？

祝勇：我很幸运面对的是故宫。它有永远也挖掘不完的历史的秘密。虽然有一代又一代的学者和作家对故宫包括清宫这样的题材进行书写，但我觉得还是有很多的细节和历史的真相，有待探寻和发现。因为故宫的文化太复杂，太庞大，不可能有人用全知的视角来讲述。每个人都有自己的视角。我希望在不远的将来，人民文学出版社为我出版的关于故宫的书，能形成一个比较庞大的系统，献给读者，献给故宫的 600 周年。

《封面新闻》：一个人要形成对事物客观、清明的判断力，具备足够的逻辑思维能力和健全的知识结构，很有必要。现在的不少年轻人，一遇到社会热点，参与辩论，就显出逻辑和知识的欠缺来了。对年轻人，您有怎样的建议？

祝勇：的确，具备宏观的视野，对细节有认知，才能不片面地看问题。但这个知识结构的形成需要一个过程。怎么形成？最好的方法就是看书，看书可以由浅入深，有时候哪怕听《百家讲坛》也可以。或者是看一些通俗的关于历史的一些书，由这些书组成台阶，再去看原典、一手资料。其实很多原典、一手资料，阅读起来并没有想象中那么艰难。

《封面新闻》：您是文字高手，同时对影像艺术的把握也非常敏锐而在行。您是《辛亥》《历史的拐点》《苏东坡》等大型纪录片总撰稿，又是央视大型纪录片《天山脚下》总导演。此外，也是网红影视节目《上新了，故宫》的总编剧。您最近正在谋划纪念紫禁城 600 周年的大型纪录片《紫禁城》也将要与大众见面。文学如何注入影视？或者有没有必要注入影视？

祝勇：我希望在纪录片中注入文学性。这不仅因为我多年从事写作所形成的对文学的偏好，更是出于纪录片自身的需要。文学是其他很多艺术的母体。许多艺术门类，都需要站在文学的肩膀上，比如戏剧、电影、音乐，甚至美术，才能飞高飞远。中国最早的绘画，就是叙事性长卷，像东晋顾恺之的《女史箴图》《洛神赋图》，而且直接改编自文学名作，即西汉张华的《女史箴》、汉魏曹植的《洛神赋》。

《封面新闻》：一边写作，一边当导演，两项艺术行当同时进行，感受如何？

祝勇：我很享受在这两种艺术形式之间转换，并不会感到混乱，相反，我感觉到新鲜感，更有创作的激情，写作更有开放性。我曾经问过作家刘恒（刘恒拍过邓超主演的《少年天子》）："你是怎么既写小说又当好导演的？"刘恒说，其实当导演跟写作，本质上是一样的，比如都要注意细节。后来我自己拍完片子，深深体会到他在说什么。一个川菜师傅川菜做得很好，你让他去做法式大餐，他往往也能做得很好。一个差的川菜师傅做法式大餐也不行。表面上看不是一回事，但实际上是一样的。

《封面新闻》：现在人们对影像视频这个信息载体非常依赖，对文字的阅读耐心不够。您怎么看？

祝勇：文字与影像，传播方式与功能不一样，各有价值、魅力，可以互相补充，却不能彼此取代。影像的呈现方式更加直观，但影像很难直接表达思想，只能把思想放在形象的背后，曲折地表达，文字则可以大段大段地铺展，所以思想深刻的文字，尤其是哲学性、思辨性文字，影像很难取代。"一生二，二生三，三生万物"，你说怎么拍！

影像比较直观、生动，这既是它的长处，但也有它的短板。与文字能引发不同人有不同的想象力不同，影像化过于直白，诠释角度倾向于单一。前几天我把《芳华》小说看了。3 个小时，刚好坐飞机能看完，结论是小说比电影好看。一部小说一旦电影化就会损失很多东西。而且，读文字可以在一个地方停留。但看画面表达，很难长时间停留在一个地方，细细琢磨。

原载 2019 年 4 月 30 日《封面新闻》

采访者：张杰、刘可欣

品荔赏梅淡风雪，在粤入烟火人间

——答《南方日报》记者问

"千古风流人物——故宫博物院藏苏轼主题书画特展"是故宫博物院近期最受欢迎的特展之一。

展览中不仅能看到很多难得一见的苏轼（世称"苏东坡"）墨迹，还能从中了解到他的人生轨迹。故宫举办以文物为载体，以展现苏轼艺术造诣与其人格风范的展览，尚属首次。

"我们站在展厅里，面对苏东坡曾写下的书帖，仍会特别感动，就是因为作品里深深地渗透了他生命的情感。"祝勇说。

祝勇现任故宫博物院故宫文化传播研究所所长。作为"宫里人"，多年来他笔耕不辍，他的著作《在故宫寻找苏东坡》"把苏东坡放置到人间"，将苏东坡的精神世界与"艺术史原物"联系起来，构建苏东坡及其背后那个时代文化精神的整体形象。

在接受《南方日报》记者专访时，祝勇解读道，苏东

坡一生的很多时光是在贬谪中度过的，但他始终能感悟到
生命的快乐。苏东坡傲然于世的精神境界，在被贬谪广东
惠州时期得到集中表达，这种乐观从根本上来说是文化上
的自信。

岭南的梅花让他找到精神寄托

此次展览展出了苏东坡为李公麟所画《三马图》所书
写的赞文《三马图赞并引残卷》，此为他谪居惠州时所作，
其时心态已渐趋平和，反映在书法上，笔墨更加沉稳从容。

过去十余年，祝勇无意间几乎重走了苏东坡走过的所
有道路，这其中就包括苏东坡从长江流域到珠江流域必经
的赣江。

在他看来，尽管路途艰辛，但苏东坡到惠州后，还是
有了新的生命的落脚点。"惠州当时虽然偏居岭南，不是
发达之地，但山美水美，给苏东坡提供了一个安顿生命的
地方。"

《**南方日报**》：您在书中多次提到苏东坡诗作风格与意境的变化，他到了惠州后，"笔下的梅花，也呈现出另外一副模样"，折射出这个阶段的他怎样的心境？

祝勇：梅兰竹菊四君子，苏东坡专门画竹，不见他画梅，但他的诗里有梅。那时是十一月，苏东坡刚到惠州，松风亭下的梅花就开了，梅花盛开如云，苏东坡的心底非常震撼。岭南梅关的梅花更大地激发了他对梅的热爱。苏东坡到惠州时，已经历了太多的艰难曲折，所以他能够从梅花傲霜斗雪、耐寒的特性上找到精神寄托。他写的《十一月二十六日，松风亭下，梅花盛开》把梅花的秀色孤姿描摹到了极致。

文人对于梅的热爱，也一直被传承下去。陆游写过"零落成泥碾作尘，只有香如故"，精神脉络是一脉相承的，是古代文人傲然于世的精神境界的表达，而这在苏东坡被贬谪惠州的时期有比较集中的表达。

左迁至惠州，尽力发现生活之美

展览展出的明拓《晚香堂苏帖》苏轼书献蚝帖册，是苏轼在儋州写给幼子苏过的一封信，谈及海南盛产生蚝，可煮可炙，十分美味。

不只是生蚝，在黄州，他发明了东坡肉；在惠州，他把荔枝、羊蝎子纳入食谱……苏轼虽然一生命运多舛，却始终能够洒脱地面对各种困境，并以积极的态度不断发现生活中的乐趣。

《南方日报》：被贬谪到黄州时独创东坡肉，他写就《猪肉颂》；到了惠州，他痴迷于荔枝，写就《惠州一绝》……他总是会发现生活里的诗意与美好。从这一点上苏轼能给我们怎样的启发？

祝勇：苏东坡是美食家，喜欢吃，这是热爱生命、热爱生活的表现。人生总有不尽如人意的地方，苏东坡对此有深刻的认识，因为他的一生颠沛流离，他最爱的 3 个女性都先后离他而去，而苏东坡接纳了人生的缺憾。所以他在词里面写，"人有悲欢离合，月有阴晴圆缺，此事古难全"，他能够在苦难的现实当中创造美好的生活。

苏东坡特别可爱的一点在于，他还能从困境中寻找到乐趣。被贬到惠州，是朝廷对苏东坡的惩罚，但他说"日啖荔枝三百颗，不辞长作岭南人"，意思是他在这里可以一直待下去，这不是"抬杠"，是因为惠州丰富的自然资源给了他很多犒劳，让他享受到生活之美。

为生命而写，拓展词的表现空间

在书法方面，苏轼擅长行书、楷书，他与黄庭坚、米芾、蔡襄合称"宋四家"。此次展出多幅苏轼真迹，除了上述《三马图赞并引残卷》外，还有《治平帖》《春中帖》《归院帖》等，均是难得一见的珍品。

有学者认为，从宋朝开始，苏东坡首先最完美地将书法提升到了书写生命情绪和人生理念的层次。祝勇说，某种程度上，苏东坡的人生轨迹也在潜移默化地影响他的书法作品。

《南方日报》：故宫博物院所存的苏东坡书法手迹，如何表现出他在不同时期书法演进的痕迹及相对应的心境？

祝勇：以故宫博物院馆藏的苏东坡的《治平帖》《宝月帖》等行草书手迹为例，这些书法作品是苏东坡政治仕途上升期书写的，笔法精微，字体萧散，透着淡淡的超然的意味。这种状态在他以后的书法写作表现当中会有一些变化。

最典型的就是被称作"天下行书第三"，藏于台北故宫博物院的《寒食帖》。它写就于苏东坡被贬谪到黄州第三年的寒食节。这是他在凄风苦雨当中，也是在生命低潮当中写的书帖。初到黄州，先解决生存问题，到了第三年，内心的苦闷不断侵扰他，此前他经历了乌台诗案，经历了一些陷害，内心非常苦闷，处于一种被"无物之阵"紧紧包住挣扎不出来的状态，这种无法表达的困苦终于以《寒食帖》为突破口表现出来。

《寒食帖》前面的部分字体相对工整稳重，到后面字越写越大，完全挥洒开来，体现的是对忧闷情绪淋漓尽致的挥洒释放。《寒食帖》的美在于韵律感，这种韵律不是外在计算出来的韵律，而是他内心情感的自然流露。

《南方日报》：您提到，在苏东坡的世界里，所谓"知识分子与民间的写作或艺术创作之间的对立"是不存在的，这是否可以理解为苏东坡的诗文、绘画是打破了精英与草根之间的藩篱的？

祝勇：苏东坡说"无事不可入词，无事不可入诗"。在他眼里，诗词、散文、书法、绘画等艺术形式，都是为表达人的情感、人对世界的认知与对生活的感受来服务的。

以苏东坡的词《江城子》为例，这是他在结发妻子王弗去世多年之后所写的悼亡词。只要有所感动，他就用诗词、书法、绘画这些形式来表达内心的感受，这是让他的作品特别有震撼力的一个特别重要的原因。

在苏东坡之前，词的创作多是文人唱和、互相应酬的工具，比较清浅，与生命本身没有太大的联系。苏东坡大大拓展了词的表现空间，同时，把这些艺术形式与人的生命紧紧连接在一起。

最可爱之处是身上的人间烟火

苏东坡在回顾自己一生时写下"问汝平生功业，黄州惠州儋州"。祝勇认为，这是他的一种自嘲，也有自我肯定的意味。这三地让苏东坡从一种困境走向另一种困境，而困境本身也凸显了他的成功——他能够战胜困境，然后建立强大的自我。这一点上，苏东坡给我们做了一个很好的榜样。

《南方日报》：您在书中提到"把苏东坡放置到人间"，您体会到的那个有情感、会呼吸的苏东坡，是怎样的？

祝勇：苏东坡最感染我，也是我认为他最可爱的地方，是他身上有人间烟火，他是接地气的。苏东坡一生大都在贬谪中度过，但是苏东坡的作品并不悲观，当然他也有很彷徨的时候，但他最终走向了一个更加达观、更加通透的生命境界。

他的乐观旷达，根源来于他的自信。他通过这样的磨砺，通过自己不断的文化上的创造，建立了足够和坚定的价值自信和文化自信。

《南方日报》：谈及苏东坡与时代的关系，您的结论是，苏东坡这样的人是大于时代的，无论身处怎样的时代，时代都压不死他。当下的我们该如何看待?

祝勇：他一生被人陷害也好，流离颠沛也好，经历的苦难非常多，但苏东坡的内心始终是向这个世界敞开的，他始终是拥抱世界的姿态，这也激发了无穷无尽的文化创造力。

这种开阔的心胸，成就了艺术上广博、开放的他，才使得苏东坡成为一个划时代的、百科全书式的大师级人物。愤世嫉俗难以让一个人成为真正的大师，只有敞开胸襟去面对世界，才能激发出无穷的创造力，我觉得这就是苏东坡给我们的启迪与影响。

原载 2020 年 10 月 13 日《南方日报》

采访者：刘长欣、朱嘉祺

在故宫书写整个世界

——答《北京青年报》记者问

11月29日，第五届"琦君散文奖"颁发。祝勇《故宫六百年》获得"作品奖"。

"弱水三千，我只取一瓢饮。面对每一个建筑空间，我也只能选取一个时间的片段（当然是我认为重要的片段），让这些时间的碎片，依附在不同的空间上，衔接成一幅较为完整的历史拼图。"在新书《故宫六百年》中，作家、学者祝勇这样写道。

这是祝勇关于故宫的第八本书。在故宫博物院工作的10年里，他先后写了《故宫的风花雪月》《故宫的隐秘角落》《在故宫寻找苏东坡》《故宫的古物之美》（一、二、三册）、《在故宫书写整个世界》，以及两卷本《故宫六百年》。

今年恰逢故宫600年华诞，市场上出现了好几本题为《故宫六百年》的著作，但祝勇的书与众不同——不是帝王家史，不是龙椅背后的猎奇，而是呈现人性温度之作，它以平视的眼光，更多关注故宫中的普通人，呈现他们生命的疼痛与哀伤。

　　除了书写和学术研究，祝勇还是故宫博物院文化传播研究所所长，身体力行，不断通过电视纪录片、综艺节目等新方式向全世界传播、推广故宫。从央视 12 集《故宫》（2005 年播出）、《故宫 100》等，到如今讲述"故宫文物南迁"的纪录片，一个个项目背后，都有他的身影。

故宫里的生活很宁静

《北京青年报》：曾有一段短暂时间，您在北京作协当专业作家。是什么契机，又让您选择了故宫？

祝勇：当专业作家是我长久的一个渴望。去故宫则是赴美归来后，有幸读了刘梦溪先生的博士。2010 年，故宫博物院成立故宫学研究所。此前我陆陆续续写过一些关于故宫的文章，与故宫博物院有比较密切的联系，互相比较了解。最终得益于郑欣淼老院长和李文儒副院长，读完博士后，我就进了故宫博物院。

此前，我无数次去过故宫，在故宫出版社出过书，也为故宫策划过一些活动。但以工作人员的身份进入故宫博物院，对我来说，是一个特别难得的机会。我的师母、刘梦溪先生的夫人陈祖芬老师说，你去了一个最适合你的地方。

《北京青年报》：作为研究员，在故宫中的一天是怎么度过的？

祝勇：其实很平静，或者说平淡。曾经有电视台想拍我在故宫里的工作状态，我说你不要拍，因为没什么可拍的。不像《我在故宫修文物》那个纪录片，那么吸引眼球。我们就是在办公室里坐着，每天对着电脑。需要一些史料，或者提取一些文物的影像，都可以在网络上进行。

我在图书馆待的时间比较多。故宫博物院内部有一个图书馆，在寿安宫，一个两进的四合小院里，非常安静。我可以看《四库全书》，几千卷占满了一间一间屋子的书，被压缩成影印版。这样的资料，只是我们图书馆里的沧海一粟。

我非常喜欢故宫的这种安静。在这里，永远有你不知道的东西。偶尔在院里走路，会遇上哪位老师，请教一个问题。故宫里各门类的专家都有，每个学者都有他的领域。不论老幼，不论地位高低，都充满和谐友善。对我来说，这是特别好的滋养。我特别珍视故宫这个环境，觉得很温暖。

正常的学术研究和写作不会火爆，也火爆不了。但静水流深，很安静很长远。这就是我的日常工作状态，我特别喜欢这个状态。

《北京青年报》：听上去真让人羡慕，有点像传统书院的日常生活。但您是如何将它与写作相结合的呢？

祝勇：写作要向内在去挖掘。离得近了，观察、思考会更近一些。比如《故宫六百年》里我写到慈禧，中国被推向半封建半殖民地社会、最黑暗的深渊，慈禧有不可推卸的责任。但近距离观察，会有更多视角，会更加细致。

很多人都关注慈禧吃什么、穿什么，觉得她性喜奢华，正赶上甲午战争，她非要过六十大寿。而我可以有另一个视角——慈禧一进宫廷，就开始宫斗。她身不由己，青年丧夫、老年丧子，从个人生活看，她什么都没有，没有家庭温暖。一个孤老太太，一直到死。她对物质生活近乎变态的这种需求，比如造颐和园，就可以由此做一个解读。她一生削尖了脑袋去争，结果是什么？就是要通过奢华的生活来实现她权力的自我满足。

她能吃多少？她能喝多少？她对物质的欲望已经超出正常人的欲望范围。她对国家衰败负有责任，但她为什么会这样？从历史的海平面上，我们看到的只是岛屿露出水面的部分，但你还要看看海平面之下的部分。

在故宫可以慢慢沉下来。尤其是这样安静的环境里，可以沉潜于史料，慢慢梳理，了解人的精神脉络。我觉得，这对我写作特别重要，不是简单地告诉读者，慈禧大年初二干了什么、大年初五干了什么，那只是表象，表象后面的东西更重要。

用"新散文"写故宫

《北京青年报》：大家喜欢您写的故宫，因为您是带着今人的视角去看这些事物，采取了一种平视的态度。您用自己的生命印迹和人生经验在描绘它，与很多书写故宫的作品视角不一样，很有亲切感。

祝勇："平视"这个词特别好。我写过许多"大人物"，秦始皇、汉武帝、康熙帝、乾隆帝，还有前不久写苏东坡。

我也曾经踌躇，因为苏东坡的知识结构特别庞大。河北人民出版社出了20卷的《苏轼全集校注》，我认认真真学习。对于他的知识结构，我高山仰止；对于他的文化贡献，我望尘莫及。我有什么本钱去写苏东坡呢？

之所以动笔，是因为我觉得，苏东坡也是一个人。苏东坡也没把自己当成一个大师，拿着大师范儿，高高在上。他在黄州时，和卖酒的、卖肉的、种田的，都是好朋友。苏东坡的姿态很低，是很亲切的一个人。如果我们能见面，我觉得，他就是我们的一个邻居、一个大哥、一个朋友，一个可以推心置腹交谈的人。我可以写他的喜怒哀乐，他也有很脆弱的时候。

在我的书里，苏东坡把姿态放平了，我自己的姿态也放平了。自我解放了，写作时就会更自由，更设身处地把自己当成苏东坡，去考虑他当时的想法。在写作中，这种感觉还是挺美妙的。

《北京青年报》：您当年提出"新散文"，到现在为止，您的写作很忠实地践行了"新散文"理论。

祝勇：这些写作，内容上是故宫，写法是新散文。20世纪90年代，"新散文"的概念提出来时，写作者基本都是六七十年代出生的，年长一点的也才30多岁，是应试教育培养起来的一代人。我们脑海里的散文都有现成的样本，这对写作者的生命力形成了某种束缚。

"一代有一代之文学"，这是梁启超先生说的。传统散文承载不了迅速变化的时代，新时期以来，小说、诗歌、戏剧都有很大的发展，散文却一直是老面孔。并不是说为变化而变化，而是写作过程中所呈现的面貌，自然而然地不同了。

当时写散文的有我、宁肯、张锐锋、庞培、于坚、钟鸣等，都很年轻，而且互相不认识。就是自发地、不约而同地，在不同的刊物上发表的作品，都呈现出新面貌。所以，就把它总结为"新散文"。一些媒体和评论家对此也提出质疑，我也写了很多文章回应，所以有人说我是"新散文"的理论推动者。

从后来的发展看，"新散文"已不是一个空洞的概念，而是取得了非常丰硕的成果，涌现出很多优秀的、堪称"大家"的写作者。散文的复杂性、丰富性，都比原本那种一事一议、承载力很小的散文，要丰富得多，进步得多。

事实上，今天的散文写作已不太可能回到"新散文"之前的状态了，等于承认了"新散文"的贡献。我对故宫的写作，也是遵循着"新散文"的一个诉求——承载历史和文化的内容，但内容相对丰富，就像交响乐，有很多声部。它相对复杂，不再是那种很单薄的文本。《故宫六百年》那么厚的一本书，就是一个大散文。

归根结底，"新散文"不是一个流派，而是一个创新，是在我们传统的基础上，寻找新的生长点。只有这样，文学才能进步。回顾我们文学史，一直是这么走过来的。

比如最近苏东坡引起关注，大家喜欢他的词。而最初很多文化人称词为"小道"。那时的文人还是更看中诗，因为诗可言志载道。而"词"就是一个游戏遣兴的轻薄短小、不那么重要的文体。但苏东坡用自己的创作，把词推向了一个高峰。到了宋代中期以后，词完全可以和诗并驾齐驱，甚至成为一个更主要的文学体裁。

"新散文"这20多年的发展，它的辉煌成就，完全可以跟小说的成就并驾齐驱。

用现代人的立场写故宫

《北京青年报》：在您的故宫写作中，很多文章是跨文体、互文式的写作，涉及不同领域，是不同学科的融合，我称之为"有框架的集成式写作"，您是怎么形成这样一种风格的？

祝勇：这与视野和知识结构不断扩大有很大关系。"新散文"是一个开放性的文体，优势在于能接纳不同文体。我今天的写作与之前的所谓"文化大散文"是有区别的，区别就在于综合性增加了，呈现出跨文体写作的特点。因为题材越来越宏大，单纯的散文就有点放不进去了。

我的书确实不好分类，尤其是到书店。是归文学类，归历史类，归艺术类，还是文物类？书店也搞不清，评奖时也不好分类。但我觉得这是别人的事，我还是充分张扬我写作的个性，去表达好，才是特别重要的。我的作品都有非虚构的色彩，说它是非虚构也行，说是散文也行。

我在一些描述大历史的题材中，很关注普通人，尽量去照顾他们。比如《最后的皇朝》，写辛亥革命，武昌起义的那一年，也是清王朝的最后一年。帝王将相应该是主角，但我在这个作品里，还写了很多北京普通市民，有名有姓，不是虚构的，是真实存在的。我找到他们的史料，看看他们的人生经历，想在大的历史转变进程中，看普通人的命运是什么，我觉得这更值得我们去关注。

包括我写《故宫六百年》，一想到故宫600年，大家自然会想到明清两代的帝王，注意力都在帝王权力、后妃争斗这个上面，另外还有一些奸臣、忠臣的传奇。但是在故宫这600年时空当中活动的这些人物，不仅仅是帝王、后妃、奸臣等，还有很多普通人，比如宫女、太监。

过去一说太监，就想到魏忠贤、李莲英，是特别负面的形象。其实太监也是集权制度、封建制度的受害者。故宫这么大，没有太监运作不了，因太监这个阶层的存在，保证了600年紫禁城各项事务的运营。但他们平时又是看不见的，因为人们看见的永远是皇帝、太后、后妃等，但太监也是特别重要的一个主体，他们也是需要关注的。他们也在某方面改变了历史的进程，当然有的是从正面，有的是从负面。

　　我故宫写作很重要的不同点和出发点，不是看了一些史料，用所谓文学化的语言复述一遍，不是那样。而是，必须用一个现代人的立场和一个新的视角去看这段历史。

《北京青年报》：清帝退位后，大批太监没有地方可去，被集体安置在北京西边的寺院里，扎伙过日子。

祝勇：是的，太监离开宫廷后，他们没有谋生技能，不知道往何处去。他们后来被集中收留在寺庙里，哭声连片，可以说他们是历史的牺牲者。他们并不在中华民国政府的清室优待名单中，是多余的人，就是历史不再需要他们了，也没有地方安置他们，就是被遗忘者。

故宫的神秘悠远无处不在

《北京青年报》：读者会很感兴趣，在故宫工作您有多少机会去库房看平时很少展出的器物？

祝勇：我去库房的机会不多，因为有严格的制度，能用图片解决的，尽可能看电子版。实在是工作有需要，经过审批手续，也可以去看原件。但我们部门的研究更倾向于档案史料，接触原物少一些。其他部门，像书画部，要训练对材质的判断，可能接触原物的比较多一些。

《北京青年报》：几年前，您在"腾讯大家"开专栏"故宫的隐秘角落"，后来您在采访中说，故宫像藏地那么悠远和神秘。故宫神秘在哪里？您喜欢它的哪些部分？

祝勇：故宫有这么多宫殿，有 186 万件（套）文物。就像故宫门多，各种大门小门，不断在打开，你都不知道门后藏着什么。永远有新奇的东西在吸引你，知道得越多，就越发现你知道的还很少。

比如我在《故宫的古物之美 2》中讲到一幅画《重屏会棋图》，五代时的作品。画面诡异，几个人物在下棋，背后放了一个屏风，屏风里又画了几个人，那几个人后又画了一个屏风……这种画中画的形式，无穷无尽，就像镜子反射。它可以无穷无尽这么画下去，让你猜它是屏风还是真实的空间，我觉得特别有意思。

2015 年，在《石渠宝笈》大展上，故宫展出了这幅《重屏会棋图》。也没有什么人认真去看，大家的注意力都在《清明上河图》上。看原作的话，画上那个棋盘和棋子更小，但是通过电子版你可以放大看得很清楚，棋盘上其实只有黑子，没有白子。这在干吗？我们就要去破解它背后的秘密。

我为什么写《故宫的古物之美》？那些文物别人已写过很多次了，我的导师刘梦溪先生对我说过一句话，我至今受用，是我写作的一个很重要的原则——"不说别人说过的话"。你不能网上扒点资料，修改一下就变成自己的了，你一定要有自己独特的认识、独特的发现。

《北京青年报》：说到器物，大家一是会想到沈从文先生服饰等方面的研究，再一个是您从今人普及的角度解读故宫。您怎么看沈先生研究的价值？

祝勇：首先，我跟沈先生断不敢相提并论。沈从文先生跟故宫博物院的关系，我专门写过一篇文章，因为我从故宫里查阅了一些收藏的沈从文先生的档案。

写那篇文章的由头是读到张新颖先生的《沈从文的后半生》。一次开会，我碰上张新颖先生，我说："沈从文后半生很重要的一段经历，是在故宫里，我可以帮你找资料。"《沈从文的后半生》资料基本来自《沈从文全集》，都是公开出版的资料。书写得特别好，我也非常喜欢，只是觉得这一段历史还可以去挖一下。

陈徒手先生在《读书》杂志上写过一篇《午门城下的沈从文》。一说到午门，很多人自然就想到是故宫博物院。后来我查《不列颠百科全书》，在"沈从文"这个词条里，讲他在新中国成立后，分别在国家博物馆、历史博物馆和故宫博物院工作。

沈先生有没有到故宫工作过？老院长郑欣淼先生写过一篇文章，叫《沈从文和故宫博物院》，他找到了原始文件，就是故宫博物院给沈从文的调令，调令写了3个字——"没有来"。沈先生没到故宫博物院工作，还是在国家历史博物馆。那么，为什么大家都以为沈先生在故宫工作过？

我咨询了故宫博物院的一些老先生，比如古琴专家郑珉中先生，前几年过世了。他90多岁时还在上班，就在我们小院里。他说，沈从文手把手地教过他文物鉴定。

我又查了一些资料，把沈从文和故宫的关系基本梳理清楚了，写了一篇《沈从文与故宫博物院》，发表在 2020 年第二期《新文学史料》上。结论就是沈从文一直是兼职，故宫博物院常请他来参加工作，他也有办公室。20 世纪 50 年代，沈先生为故宫博物院做了一些工作，比如鉴定收藏文物，教育部相关教材编写，包括带文物修复和研究人才队伍，起到了非常大的作用。

这篇文章发出来以后，沈先生的公子沈虎雏先生托陈徒手先生找我，想要这些档案资料照片，说以后可以补到《沈从文全集》里面去。我在故宫里面查到的这些档案，能够理清他人生后来的一些线索，对研究来讲，也是非常重要的资料。

故宫六百年承载中华文明五千年

《北京青年报》： 到目前为止，您已为故宫写了 9 本书。您有一个完整的写作规划吗？

祝勇： 没有太完整的写作规划，基本上是跟着感觉走，兴趣在什么地方，就写什么地方。但这几年看，无形中形成了一个脉络和线索，一是写器物。面对故宫珍藏的186万件（套）文物，我挑一些比较感兴趣的，进行解析，出版了《故宫的古物之美》系列3本。

后来写《在故宫寻找苏东坡》，把我对故宫文物的书写落实到一个点上，以苏东坡的法书为焦点，深入去探讨一个历史人物的命运浮沉。《故宫的隐秘角落》，则是围绕故宫建筑，写建筑背后的人物传奇与历史命运。

《故宫六百年》是一本综合性的书，讲述故宫前世今生几百年的传奇。我觉得前面写的那些书为《故宫六百年》起到了一个铺垫作用，是水到渠成。如果一开始就写《故宫六百年》，恐怕写不太好。

《北京青年报》：《故宫六百年》是您写故宫10年的集大成之作，您是怎么找到这样一个坐标的，就是一个是时间，一个是空间，同时又是一种打破了以前以地方象限为主体的叙事视角的？

祝勇：说复杂也复杂，说简单也简单。《故宫六百年》历史庞杂，建筑空间也庞杂，怎么开始，这个也很难。但我非常明确的就是，不想把它写成一部政治史，也不想按 24 个皇帝的顺序排下来，写帝王历史。那是"明清 24 帝"，不是《故宫六百年》。

想了很长时间，后来我还是采取了一个最简单的办法，就是从游客的视角展开叙述——从午门进，走中轴线，然后东西路走一走，最后从神武门出来。在走的过程当中，看到的不只是空间，这个大殿那个大殿，而是像过电影一样，看到故宫 600 年的历史。在每一章都附有一张地图。简单地说，是以"空间带时间"的方式去写。

《北京青年报》：故宫已经有 600 年的历史了，它对我们这个时代，意味着什么呢？

祝勇：意味着时代的主语发生了变化。朱棣 1420 年建紫禁城，到今年已 600 周年。这 600 年里面，帝制占了 505 年，就是从 1420 年到 1925 年故宫博物院成立。这 505 年，是有皇帝的故宫，故宫的主语是皇帝，故宫的一切都为皇帝服务。紫禁城是北京的中心，北京是天下的中心，就是这么一个同心圆结构，皇帝是至高无上的中心。

1925 年之后到今天，这 95 年，成了没有皇帝的故宫。

有皇帝的宫殿变成过去式了。今天是故宫博物院，核心词是博物院，故宫是个修饰词，里面的186万件（套）文物，属于全体中国人，故宫的主语发生了根本的变化。故宫的建筑之美，还有里面的文物之美，承载的是中华五千年文明的结果。

原载 2020 年 12 月 9 日《北京青年报》

采访者：张英

故宫神武门，郑欣淼摄

在故宫，我想看到更多的事物

——答《封面新闻》记者问

《封面新闻》：在《在故宫书写整个世界》中写到您有很长时间找不到哪里是故乡的感觉，最终在北京故宫找到了精神意义上的故乡。这种故乡也给您提供了大量的写作灵感和资源。您写故宫的书，目前已在人民文学出版社出版了 9 本，明年春天出版社还会出第十本。如果让您详细阐述一下自己跟故宫的关系，做一个创作小结，您会怎么说？

祝勇：我很幸运能在故宫博物院工作，并把故宫当作我一生的写作资源。对故宫的书写，给我提供了一个很好的角度，去回看我们民族的历史，回看我们几百年甚至几千年走过的路。作为人类星球上现存规模最大的古代皇宫建筑群，故宫是一个鲜活、生动的样本，足以支撑我的写作道路一直走下去。我可以从不同的角度打量它，以不同的方式言说它，而永远不知疲倦。所以说，故宫滋养着我的写作，让它日益枝繁叶茂。如你所说，在人民文学出版社，我已经出版了包括《故宫六百年》《故宫的古物之美》《故宫的隐秘角落》等9本书,明年春天出版第十本。但我相信我的写作也一直在成长,以往的写作是摸索,是为今后的写作打基础。我相信在这样的基础上,还可以建起更加宏伟的大厦。

《封面新闻》:您有自己看故宫的方式。您曾说,如果您去写一部故宫的小说,那一定不是宫斗的,也不是歌颂帝王的,而是一部关于人的、充满复杂人性的小说,与所有写明宫、清宫的小说都不同的小说。这样的小说,您计划大概什么时候开写?

祝勇:我之前写过一部长篇小说,叫《血朝廷》,厚厚的一大卷,也在人民文学出版社出版了。与我的其他书比起来,关注的人不算多,但我自己写得挺尽兴的,越往后面,越感觉挺酣畅痛快。小说里的情节发展有赖于史料而不拘泥于史料,我因此而让自己的写作得到了一次解放,也是一次释放。我还准备写,肯定不是按照目前宫廷小说的套路去写,因为对紫禁城,及在紫禁城中生活的人,我有我自己的认识。我既不会写成帝王小说,也不会写成宫斗小说,而是写宫殿里复杂而又普通的人性。紫禁城里生活的是一群特殊的人，但他们也是人，有最普通的人性，所以我要写出他们的普通，以及他们的不普通。实际上我已经在暗地里写了，只是在摸索中，还远不到拿出来的时候。

《封面新闻》：一个作家要对故宫多年如一日地保持专注，保持新鲜感，甚至还要保持着一份痴心，也不是件容易的事。您是怎么做到的？在文本创新方面，您是怎么下功夫做到的？

祝勇：故宫本身就像一个迷宫，复杂而深邃，我看到的似乎永远只是它的某一个局部，而无法看到它的整体。这也是故宫最吸引我的地方。在我看来，故宫的存在本身就带有悬念，当我们解开了一个悬念，就发现有一个更大的悬念跟在后面。总之，在故宫，我觉得我了解得越多，就发现自己了解得越少，它使我处于永无止境的探索中。在故宫，我想看到更多的事物。我写了这么多有关故宫的书，从没感觉到丧失了新鲜感。

至于文本，要看具体内容。每一种形式其实都是为了更好地表达内容而自然地生成的。我年轻时写作，比较强调形式的特异性，其实那是写作没有成熟的表现。最好的形式，不在于标新立异，而在于合适、妥帖。当然，我也不愿意墨守成规，那样太偷懒，还是要尽可能在创作中表现出某种创新性。这种所谓的创新是被故宫巨大的神秘性所推动的，是一种自然而然的结果，并非为新而新。

《封面新闻》：在大概读高中的时候，读过您的散文。在我的印象中，您写很多题材都很有灵气。而不是现在，不少人一提到祝勇，就会首先想到您写故宫的那些文章。故宫为您的写作提供了丰富的素材和肥沃的灵感土壤以及写作方向，但会不会也遮蔽了您其他领域内的努力？

祝勇：故宫给我提供了巨大的可能性，其实我想表达的许多内容，都可以收纳在故宫这个主题之下，所以我目前没有打算偏离以故宫为主题的写作。其实大家可以从一个更宽泛的角度来理解我的故宫写作——我写故宫，写的其实不只是故宫。故宫是世界的一部分，但它是世界的缩影。所以，我 2020 年出版的一本创作回想录，书名就叫《在故宫书写整个世界》。

《封面新闻》：2020 年马上要过去了，对自己这一年的工作和自己的生活，如果要稍微回顾一下的话，您是怎样的心情？ 2020 年还是故宫建成 600 年。作为以故宫为根据地进行写作的作家，您有哪些收获，有哪些还没来得及做的遗憾？

祝勇：2020 年虽然受到疫情影响，但我过得还是挺充实的，比如《故宫六百年》出版，纪录片《故宫文物南迁》投入实地调研、前期策划，甚至拍摄了一些镜头，并于年底在故宫博物院微信公众号"微故宫"和故宫博物院官方微博发布了先导预告片。我写了多年的书稿《故宫的书法风流》也完稿并交付人民文学出版社出版。

今年还举办了一些演讲，比如在故宫博物院举行"千古风流人物——故宫博物院藏苏轼主题书画特展"时，我在文华殿面对公众进行"在故宫寻找苏东坡"讲座，等等，感觉今年做了不少事。

假如说有什么遗憾，就是有一些著名的音频平台请我做音频节目，一直没有时间去做。在不同的时代，文化载体是不断变化的，像甲骨、青铜、石鼓等，都曾经是文字的载体，我认为我们没有必要墨守成规，而是应该与时俱进，因时而变，去大胆进行新的尝试，只要我们不丢弃严肃的写作就好。

《封面新闻》：我从"微故宫"和故宫博物院官方微博上看到了纪录片《故宫文物南迁》的先导预告片，发布的第一个晚上就达到了 82 万人浏览量。我看见有网友留言说："看先导片已经止不住眼泪了"，"老早就期待有一部文物南迁纪录片了"。您是这部纪录片的总导演、总编剧，是否可以给我们介绍一下这部纪录片的情况？

祝勇：纪录片《故宫文物南迁》是故宫博物院和影业公司联合摄制的一部大型纪录片，反映的是在 1933 年日寇占领山海关、北平危在旦夕的情况下，故宫博物院的前辈们带着 13000 多箱故宫文物，辗转迁徙的历程（如果加上其他单位，如颐和园、古物陈列所等的文物，总共有 19000 多箱）。故宫前辈们带着这些文物，踏上了南迁的路途，穿越大半个中国，经历了无数的艰辛，有人为此而家破人亡，有人蒙受了不白之冤，更有人为此付出了生命。假如说抗日将士们把他们的血肉筑起我们新的长城，我们的故宫前辈们，则以书生意志延续了我们民族的文化命脉。

1948 年 12 月至 1949 年 1 月，2900 多箱南迁文物（含颐和园、古物陈列所等其他单位的文物）分 3 批运去中国台湾，但那只是一小部分，其余南迁文物留在了中国大陆，1950—1958 年，绝大部分文物重返北京，回到了故宫博物院。

日本侵华战争使中国文物损失惨重，唯故宫文物损失甚微。故宫文物南迁的成功，有赖于全国人民的鼎力支持，是抗日战争中可歌可泣的一幕，更是人类文明史上前所未有的壮举。

《封面新闻》：2020 年是特殊的一年，世界受到病毒蔓延的困扰，很多人都提不起劲。时代的过快节奏，喧嚣气氛，物质等各方面的诱惑和压力，也让很多年轻人陷入抑郁的状态。在您看来，一个年轻人该怎么在这个时代找到自己与这个世界的良好互动关系？可以分享一下您自己的经验吗？

祝勇：我送给年轻的朋友四个字吧：暗自生长。一个人，一生不可能一帆风顺，什么样的困扰都可能遇到。尤其是年轻人，不可能一开始就得到承认，有可能被忽视、被轻视，甚至被鄙视，但是不应该因此而放弃努力，而是应当努力去吸收好的东西，让自己变得强大，终有一天，会长成一棵参天大树，让人们无法忽略自己的存在，并以自己的方式惠及世界。无论环境怎么变化，对一个年轻人来说，都不能丧失成长力，要学会在别人看不到的地方，暗自生长。

《封面新闻》：在当下中国文学写作圈，写非虚构或者大散文的作家中，确实出现了写历史的强劲风潮。而且是写历史的细部，写历史中的普通人。事实上这种写法，在海外汉学家那里非常常见。比如写《王氏之死》的史景迁，写《叫魂》的孔飞力。对此您有怎样的心得体会？

祝勇：我觉得我们的历史书写缺乏像《王氏之死》那样四两拨千斤的东西，缺乏《叫魂》那种特异的角度。我们习惯了宏大的视角、宏观全景式的写作，去正面强攻，高举高打。像我写《故宫六百年》就是这样，一书写尽 600 年的风雨沧桑。我们的读者似乎也没有足够的准备，去接受《王氏之死》《叫魂》这样的作品。像这样的作品，对作者和读者都是有要求的。无论写作还是阅读这样的作品，都需要有强大的知识储备。它们写的是冰山一角，但是只有看见那冰山下面的部分，才能明白那一角是怎么回事。

《**封面新闻**》：我读过您的书，您写故宫，写苏东坡，写李白，写西藏，方向都是偏于历史地理。如果用"大散文"或者"非虚构"的方式，写当代题材，是不是相对对您的吸引力没那么大？或者说，当代生活的深度不够，不足以形成文学作品？

祝勇：这只是个人偏好，不是当代题材没有吸引力。其实当代题材很值得去写，因为当下之中国现实，提供了许多前所未有的经验，值得去深入挖掘。写当代题材很有难度，因为它离我们太近，太容易视而不见，不容易以文学的眼光发现它们的价值，把它们拣选出来。

　　其实写当代，也需要历史眼光，因为写当代，不只是给当代人看，也要给未来的读者看。对于未来的读者来说，我们今天所经历的一切都成了历史。作家们书写的当下是不是有价值，要放在历史的长河上去考量。鲁迅的许多小说，像《阿Q正传》《狂人日记》，都是写他那个"当代"的，但时过境迁，它们的价值丝毫不减。

《**封面新闻**》：从整个社会层面来看，由于受众接受度有一定的门槛，文学的影响力，很难"出圈"。尤其是现在很多人的空闲时间都是用短视频来获取资讯，娱乐自己。在您看来，一个作家或者知识分子，该不该努力用自己的作品去帮助这个世界提高文学欣赏水平，还是说这个世界就是如此，作家无须为此操心？

祝勇： 作家的责任首先是写好作品，当然力所能及去扩大作品影响力，这也不是一件坏事。我想大众是需要引领的，当代文学不是没有产生好的作品，也不是好的作品不会引起读者们的阅读兴趣，而是许多好的作品被湮没了。前不久我读了钟求是先生的长篇小说《等待呼吸》（北京十月文艺出版社出版），这部小说充分展现了作家的叙事才华和对现实的洞察力，令人回味不已。它给我带来的阅读快感，比看短视频、影视剧更加强大。我相信许多读者阅读这部书一定会像我一样拿得起、放不下，只是读者对这样的作品知之甚少。

《封面新闻》： 您是纪录片导演，有很多作品口碑好、得大奖。但是能感觉您的初心不改，文学写作依然是您最钟爱，也是最在乎的。是这样吗？

祝勇：是的，拍摄纪录片和写作都是我的所爱，但我更重视写作。一个作家，可以依凭最简单的工具——文字的世界来表现世界，甚至是塑造世界，在我眼里，世界上没有比这更神奇的事了。

《封面新闻》：写作与阅读密不可分。在即将过去的2020年，您读了哪些让您印象深刻的书？可否分享一些？

祝勇：我先推荐《钱锺书选唐诗》（人民文学出版社出版）吧。这本书的底本是1983年到1991年间钱锺书先生遴选、杨绛先生抄录的一部唐诗选手稿，其后近40年，这部手稿从未对外公布。此次首次出版，人文社编辑部对手稿进行了必要的整理，对照《全唐诗》校勘了诗歌正文，增加了诗人小传和难解语词注释，撰写了出版后记。这部唐诗选本收录诗人308位、诗作1997首，体现了钱锺书先生选唐诗的主观立场和独特视角，是相关领域研究的重要文献，也是比较全面呈现唐代诗歌的艺术特征和风格状貌的大型选本。此外，杨绛先生在抄录手稿时留下了日期、诗歌评论、书法评论、生活杂记等文字，也体现了钱杨夫妇的品评互动。

通过《钱锺书选唐诗》，读者朋友不仅能研习欣赏钱先生选出的可以概括唐诗全貌的 2000 首诗歌，也能看见两位学人隽永美好的诗书生活。这是一部迷人的充满家庭生活温暖且有一定学术价值的图书。

威尔·杜兰特与阿里尔·杜兰特夫妇合作的《文明的故事》（天地出版社出版），其实不是"故事"，而是一部严谨的人类文明史。这部作品首先令人感到震撼的是它的规模——它的全书共 11 卷，精装 15 卷，总计 1500 多万字，威尔·杜兰特与阿里尔·杜兰特前后用了半个世纪才完成。以如此规模书写人类文明的政治、经济、军事、科技、宗教、哲学、教育、艺术等诸多领域的历史，我们首先要向作者的勇气和耐力致敬。西方学者称《文明的故事》是一部把无羁的热情和横溢的才华完美地结合在一起的文化史的不朽巨著，我认为他们用文字为我们人类的文明史建起了一座丰碑。这部辉煌的巨著，对我继续写好故宫是一个很大的鼓舞。

采访时间：2021 年 1 月 6 日

采访者：张杰

祝勇谈枕边书

——答《中华读书报》记者问

《中华读书报》：去年底您做客《我在岛屿读书》，感受如何？

祝勇：我很喜欢这个节目，首先是因为这个节目没有邀请影视明星，而都是作家、诗人、编辑家和艺术家，作家有余华、苏童、叶兆言等，诗人有西川、欧阳江河，编辑家有《收获》主编程永新，艺术家有摄影家肖全等。这些都是我敬重的人，除了永新是第一次见，其他都是老朋友，我和永新也是一见如故，大家都在一个平台上，对于彼此的话题都心领神会，没有交流障碍，这一点特别好。第二是拍摄地放在一个小岛上，这个场域很特别，既封闭，又开放，岛上的空间相对封闭，谁都无法轻易"逃离"，反而让话题能够深入，纵横驰骋，无拘无束，大家状态也十分轻松，谈到的许多内容令我难忘。假如在一个平常的环境里,对许多问题的探讨可能就潜尝辄止了,或者是很矜持,不会太深入。对我来说，这次拍摄是十分难得的体验。

《中华读书报》：节目中您带去了故宫的一本"网红"游戏书——《迷宫》之《金榜题名》。游戏中包含悬疑推理，平时您也喜欢推理小说？我注意到您好像曾推荐过孙甘露的《千里江山图》？

祝勇：我从小就喜欢推理小说，可惜我没有写过，但一直是推理小说迷。我在沈阳读小学二年级时，因为哮喘病休学一年，那时没有电视，更没有网络，群众出版社出版的《福尔摩斯探案集》伴我度过了那段寂寞时光。那时看的推理、悬念小说还有《希腊棺材之谜》等。我还从广播里收听了一部小说叫《绿色之王》，播讲者是演员王刚，当时他在沈阳军区前进文工团，还没有成为演和珅的那个王刚。有一次我对王刚老师说我听过他播讲的《绿色之王》，我能准确地说出作者是保尔—卢·苏里采尔，主人公叫雷布·克利姆罗德，王刚老师大惊失色，说那太早了，没想到至今还有人记得。孙甘露《千里江山图》一出版，上海文艺出版社就把样书寄给我，我一看就喜欢。那篇书评是我主动写的，因为我觉得孙甘露老师把一个密室逃生的传统套路翻新了，演绎得太完美了。我猜测许多作家都喜欢阅读推理小说，也都有写推理小说的梦想，至少我有，但至今没能实现这个梦想，它对智商的要求太高，我觉得我的智商不够。

《中华读书报》：您是从什么时候开始阅读的？童年时期的读书生活是怎样的？

祝勇： 1975 年我上小学，1980 年我上中学，那时候新时期文学已经起步。因此我的阅读，也过渡到新时期文学。尤其上中学以后，我家里订了《人民文学》《十月》《当代》《收获》这些文学期刊，当时有影响的作品，我都是同步阅读的，像王蒙《在伊犁》、冯骥才《神鞭》、铁凝《没有纽扣的红衬衫》、刘绍棠《蒲柳人家》、张贤亮《灵与肉》《绿化树》《肖尔布拉克》《男人的一半是女人》、路遥《人生》、戴厚英《人啊，人！》、乔良《灵旗》、邓友梅《那五》、阿城《棋王》、柯云路《新星》、蒋子龙《赤橙黄绿青蓝紫》、李宽定《良家妇女》、邓刚《迷人的海》、梁晓声《雪城》、古华《芙蓉镇》、王安忆《小鲍庄》、张承志《黑骏马》、刘心武《钟鼓楼》、李存葆《高山下的花环》、韩少华《红点颏儿》这些长中短篇小说，都是在这时读到的。我还记得一件奇妙的事，就是《小说家》杂志发表了李国文、从维熙、张贤亮、邓友梅、陆文夫、何士光等作家的短篇小说，题目竟然都是《临街的窗》，这有一点行为艺术吧。现代作家里我那时读得最多的是巴金，最喜欢他的长篇小说《寒夜》，还有《马赛的夜》这些短篇小说，80年代我还没有机会读到沈从文、钱锺书、张爱玲、林语堂、周作人这些作家的作品，还读了一些外国文学，不一一列举了。今天回忆起来，都会奇怪当时那么紧张的学习压力下，怎么还有时间读这么多的文学作品。

《中华读书报》：展开谈谈您的读书兴趣吧，喜欢什么类型的书？

祝勇：随着年龄、阅历的变化，我阅读的兴趣点也在变化。就像前面说的，我的学生时代读文学作品最多，如今年过半百，仍然读了不少小说，但更多的是阅读古书，像《资治通鉴》《纲鉴易知录》《明季北略》《清稗类钞》《文史通义》什么的，年轻的时候不喜欢读古书，读不进去，现在更喜欢古书，还有唐诗、宋词，百读不厌。可能是因为上学的年代，古诗、古文是被要求（甚至是强制）阅读的，所以失去了阅读的快感，今天是主动阅读的，才能发现里面包含着恒久的价值。

《中华读书报》：很多读者是因为美文认识您，回顾您的文学经历，有过哪些变化？

祝勇：年轻时喜欢读散文，也喜欢写散文。散文抒情性强，直抒胸臆，语言又考究，有创造性，所以非常喜欢散文。后来我与苇岸、宁肯、张锐锋这些作家同气相求，希望通过自己的创作给散文界带来一些活力，1997 年云南《大家》杂志推出"新散文"栏目，我们这批写作者写出的作品就被命名为"新散文"。所谓"新散文"，写作观念是新的，题材却包罗万象，包括表达对传统的认知，比如我以传统手艺保护为主题写《蓝印花布》、以历史城市保护为主题写《十城记》、张锐锋以汉字为主题写《世界的形象》等。这算是我写作的一段历程吧。2002 年我写《旧宫殿》以后，写作主题逐渐转向故宫，2011 年进入故宫博物院工作后，又写了一系列以故宫为主题的作品，我的写作又进入了一个新阶段，一直持续到今天。

《中华读书报》：近年来您以故宫的藏品历史为主题进行写作，2002 年就推出虚构作品《旧宫殿》，到畅销书《故宫的隐秘角落》《在故宫寻找苏东坡》，人民文学出版社又陆续推出的"祝勇故宫系列"（包括《故宫六百年》《故宫的古物之美》《故宫的古画之美》《故宫的书法风流》等），故宫给您带来了什么？

祝勇：故宫是世界文化遗产，里面凝聚着 15 世纪以来的中国史，也凝聚着上下五千年的中华文明，比如故宫的建筑，建造年代虽然只有 600 多年，其精髓却直通遥远的《周礼》。紫禁城所遵循的这种空间观念与时间观念，至少可以远溯到河姆渡文化。因此故宫是观察我们民族精神历程的一个特殊的窗口，也是一个独特的写作题材。世界上许多文化遗产都成为文字表达的主题，像雨果写过《巴黎圣母院》、三岛由纪夫写过《金阁寺》。自从我到故宫博物院工作，我就更有责任把故宫写好。当然我不一定能够完成这个使命，但我会努力。

《中华读书报》：以故宫为原点，您的创作领域在不断拓展，是不是所有故宫的宝物都能激发您的创作灵感？写作上有怎样的规划?

祝勇: 冯骥才先生说,在故宫这个文化土壤上,我应该写出大东西。冯骥才先生的殷殷期望,令我十分感动。但我才疏学浅,不一定能够如冯先生所愿,写出这样一个大东西。目前我至少在两个方向做着努力,一个是学术方面,我在写《故宫艺术史》,是一个多卷本,已出版第一部《初民之美》,还有一个是长篇小说,我在以抗战时期故宫文物南迁避寇为主题创作一部长篇小说《国宝》,应当是一部 3 卷本,那段历史荡气回肠,可歌可泣,完全可以支撑这样一个"大东西",无论能不能写好,我至少要把它写出来,我经常用托马斯·曼那句名言安慰自己:"只要完成,它就是好的。"我希望能在 2025 年抗日战争胜利 80 周年、故宫博物院成立 100 周年之际出版。

《中华读书报》: 作为故宫文化传播研究所所长,您的阅读和过去比是不是也发生了很大变化?

祝勇: 当然,出于本职工作需要,我要阅读大量古籍,许多还是围绕着故宫的文化与历史,大多是文献史料,还有民国以来一些"故宫学"著作，能搜集到的我都要看，像郑欣淼先生刚刚出版的《紫禁城：一部十五世纪以来的中国史》，等等。也许有朝一日我会写一部对这些前辈的"故宫学"专著进行综述的著作。总之我想做的事情很多，可惜我剩下的生命越来越短了。

《中华读书报》：在故宫系列丛书的写作过程中，您最大的感受和收获是什么？

祝勇：不断自我完善。我刚才说过，我没有国学童子功，我对传统文化的认知乃至喜爱都是后知后觉，我的研究、写作的过程，同时也是一个不断学习的过程。我觉得自己不仅仅是通过写作来塑造作品，也是在不断地塑造我自己，让我自己的精神世界，伴随着写作一步步走向成熟和渊厚。

《中华读书报》：您的枕边书有哪些？

祝勇：我白天阅读的书籍，古籍、历史学术类著作比较多，睡前阅读就希望轻松一些，因此以小说和传记为主，早年读过帕斯捷尔纳克《人与事》，最近在读人民文学出版社出版的《丁玲传》《柳青传》《路遥传》，希望了解他们的写作人生，了解这些作家与时代的互动关系。任何一个成功者，在处理个人与时代的关系上都有非凡的经验。我虽然更关注学术，但对当代长篇小说的阅读量也不小，近年出版的长篇小说，像徐怀中《牵风记》、冯骥才《艺术家们》、陈彦《主角》、余华《文城》、徐贵祥《英雄山》、孙甘露《千里江山图》、范稳《吾血吾土》、叶兆言《刻骨铭心》、艾伟《镜中》、邵丽《金枝》、钟求是《等待呼吸》等，我都是在第一时间读完的，以此了解中国当代文学的创作状态，一般都是利用睡前阅读的时间，让睡前的时光变得十分愉悦。

《中华读书报》：最理想的阅读体验是怎样的？

祝勇：欲罢不能。每晚睡前阅读的时候，我自己会限定时间，以免睡得太晚，第二天起不来，耽误了第二天的工作计划，所以不能太任性。但每读一本好书，限定时间即将到来，我心里都会升起一种很强的失落感，就像所有的好时光，我都不希望它马上结束。

《中华读书报》：您常常重温读过的书吗？反复读的书有哪些？

祝勇：我反复读的书不多，《红楼梦》是其中之一，但每次重读不一定从第一个字读起，而是翻到哪页读哪页，可能从某一个片段读起，就像进入一座结构复杂的建筑，每次可以从不同的门走进去，甚至可以从窗子跳进去，不一定每次都规规矩矩走正门。前两年我还重读了《复活》，与年轻时的阅读体验不同，那时是以做功课的目的去读的，现在却是出于内心的需要，更加感佩于它的大巧若拙。它的深刻性与形式感，在今天也独树一帜。

《中华读书报》：如果可以带3本书到无人岛，您会选哪3本？

祝勇：《庄子》《红楼梦》《唐诗三百首》。

采访时间：2023 年 4 月 9 日

原载 2023 年 4 月 12 日《中华读书报》

采访者：舒晋瑜

祝勇 作家、学者、纪录片导演，艺术学博士，祖籍山东菏泽，1968 年出生于辽宁沈阳。现为故宫博物院研究馆员、故宫文化传播研究所所长。

曾在《人民文学》《十月》《当代》杂志开设散文专栏，出版有长篇小说《国宝》《血朝廷》，艺术史散文《故宫的古物之美》《故宫的古画之美》《故宫的书法风流》《在故宫寻找苏东坡》等数十部著作。"祝勇故宫系列"由人民文学出版社出版。

获郭沫若散文奖，朱自清散文奖，丰子恺散文奖，孙犁散文奖，琦君散文奖，《十月》文学奖，《花地》文学奖，黄河文学双年奖，在场主义文学奖，"名人堂"2020 年度十大作家，《当代》文学拉力赛 2017 年散文总冠军、2019 年长篇作品总冠军、2020 年长篇作品总冠军，马来西亚花踪世界华文文学奖等多种文学奖项。

任《辛亥》《苏东坡》《历史的拐点》《大运河之歌》等十余部大型纪录片总撰稿，获金鹰奖、星光奖等多种影视奖项，国务院新闻办、中央电视台联合摄制的大型纪录片《天山脚下》总导演，该片入选"新中国七十年纪录片百部典藏作品"。

择一事
终一生
——

《祝勇著述集》融媒体资源

立体化阅读时代，《祝勇著述集》融媒体内容为你讲述作家祝勇在文字世界里寻觅、求索，一路走来的艰辛与快意，带你全方位了解祝勇深远广袤的创作天地。请扫描下方二维码，体验本书丰富的融媒体资源。

1. 作家掠影 >> 祝勇生活及工作照片。
2. 创作年表 >> 祝勇各个时期作品的创作年表。
3. 精彩视频 >> 本书的宣传片、祝勇创作的纪录片片段等。
4. 媒体报道 >> 关于本书的媒体报道。
5. 创作研究 >> 关于祝勇作品的相关研究。
6. 其他作品 >> 祝勇已出版其他图书的介绍和购买链接。